NICOLA PISANO ARCHITETTO E SCULTORE A VIESTE.

NICOLA PISANO ARCHITETTO E SCULTORE A VIESTE.

PRIMA EDIZIONE

Francesco Innangi

Editore: Francesco Innangi

Francesco Innangi

Nicola Pisano Architetto e Scultore a Vieste.

Edizione italiana

ISBN – 13: 978-1514343722

A mia moglie, ai miei figli e ai miei avi, che hanno conservato con amore la scultura lignea di Vieste.

SOMMARIO

PREMESSA.

Ho cominciato questo lavoro attorno al 1985. L'ho già pubblicato, a tappe, nella rivista Garganostudi di Monte Sant'Angelo. Allora posso tranquillamente ammettere che non conoscevo quasi nulla di Storia dell'Arte. Eppure sono stato tanto temerario da attribuire a Nicola Pisano sia la ristrutturazione della Cattedrale di Vieste, sia l'esecuzione scultorea della primissima immagine dell'Annunziata di Vieste, venerata con l'appellativo di Santa Maria di Merino.

Piano piano ho sfondato tanti muri.

Prima di tutto ho dimostrato che il nome di questa madonna non è Merino ma Marino.

Poi, in maniera stringente e conclusiva, che tale statua è statua scolpita tra la fine del Quattrocento e l'inizio del Cinquecento.

Con altrettanta rigorosità ho anche dimostrato che tale madonna ha un suo antecedente, quale prototipo, miracolosamente ancora esistente: una statuina di appena 30 cm di altezza.

Volendo datare quest'ultima immagine, l'ho sottoposta all'esame al radiocarbonio, che ha stabilito come data post quem il 1470.

Di qui comincia la parte più difficile.

Penso che nessuno, d'ora in poi, potrà più dire che la statua piccola sia una copia della grande, a uso devozionale: sarebbe folle, perché sono tante le prove oggettive dell'anteriorità della piccola sulla grande, in primis l'esame al radiocarbonio citato.

Mi potrei, e come, accontentare di aver ottenuto questo risultato importante per la storia del nostro paese.

Presumo però, e con una certa ostinazione, questa statuina al più grande scultore del XIII secolo, a Nicola di Pietro d'Apulia, chiamato anche, per l'intenso lavoro che ha svolto in questa città, Nicola Pisano.

Io guardo negli occhi dei miei interlocutori. In chi non capisce niente vedo scritto: questo è un mitomane.

In quegli dei professori che interpello vedo perplessità.

Ho parlato spesso di quest'argomento col mio professore di Storia dell'Arte Antica e Medioevale, Prof. Gerardo de Simone.

Egli sostiene che questa statua, sicuramente antecedente alla grande, appartenga ad uno degli scultori che hanno lavorato nell'Arco di Trionfo di Alfonso d'Aragona a Castel Nuovo di Napoli, realizzato tra il 1453 e il 1465.

Poiché io insistevo nella mia tesi, lui mi ha replicato: "Ma ti pare poco aver trovato una statua a Vieste una statua tanto antica e pregevole? Accontentati."

Certo folle non sono, ma un ardito sì.

Come mi permetto io, povero insegnante di Liceo, di sentenziare su cose riguardanti l'architettura e la storia dell'arte, e di dire cose veramente dissenzienti rispetto agli esperti di queste discipline?

Potrei dire che ho una mente brillante che non si accontenta delle risposte apparentemente ovvie, ma essa è piuttosto tendente alla spiegazione più semplice possibile delle cose.

Sono un buon teologo, questo sì, anzi un buon interprete della Sacra Scrittura, cui sono stato educato da valentissimi professori presso la Pontificia Università dell'Italia Meridionale, a Posillipo.

Qui, tra l'altro, ci hanno, come dire, nutrito di filosofia aristotelica-tomistica e avvezzati all'uso dell'ermeneutica biblica.

Chi ha queste armi mentali si potrebbe dire che ha occhi più acuti e penetranti rispetto alla media.

Per essere più diretti, io ho, rispetto agli Ingegneri, Architetti e Storici dell'Arte, una marcia in più, una marcia diversa dalla loro, la conoscenza della teologia e della Storia della Chiesa.

È proprio attraverso queste che io vedo chiaramente che la statuina di Vieste è stata opera geniale di un artista vissuto solamente nel XIII secolo, e di ascendenza meridionale.

Su questa specie di evidenza mentale chiarissima e immediata, quasi emotiva e intuitiva, io cerco di appoggiare le mie motivazioni storiche, che all'inizio, in verità, non avevo, ma che si presentavano poco alla volta, nel prosieguo di questa mia fatica. E molte ne ho avute.

Leggetevi questo libretto, scritto con entusiasmo, determinazione, caparbietà, studio e immaginazione, e vedrete se è interessante e conclusivo.

Se posso essere io stesso il critico di me stesso, convengo:

- È certo che la statua piccola sia anteriore alla statua grande.
- È certo che la grande sia posteriore al 1480.

- È certo che chi ha scolpito la statua piccola sia un grande artista, e in campo religioso un laico e un teologo di forte fede cattolica di stampo tomistico.
- Tutto il resto è *sub iudice.*

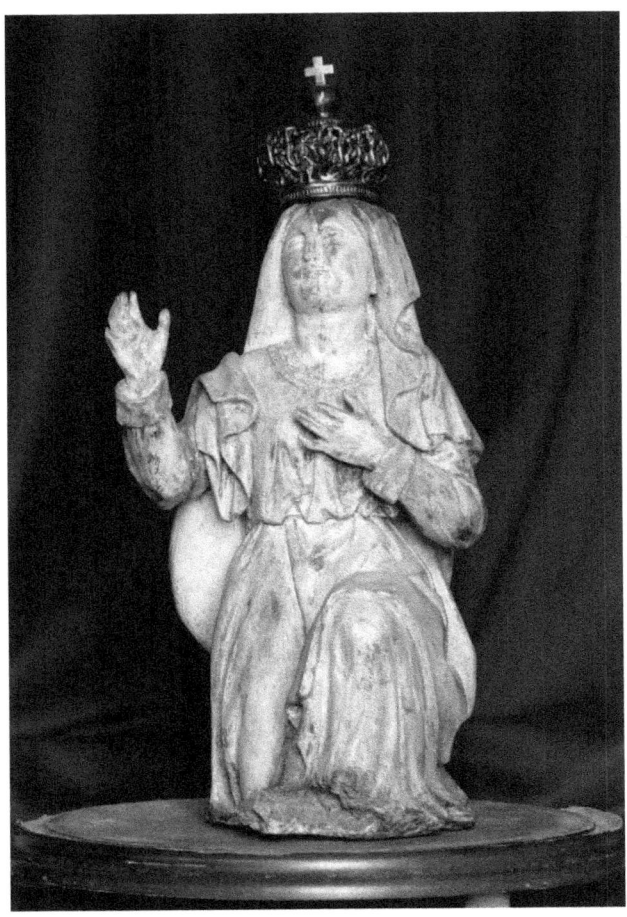

Figura 1. Statua lignea dell'Annunziata, detta Santa Maria di Marino. Vieste.
Collezione privata. h cm 35.

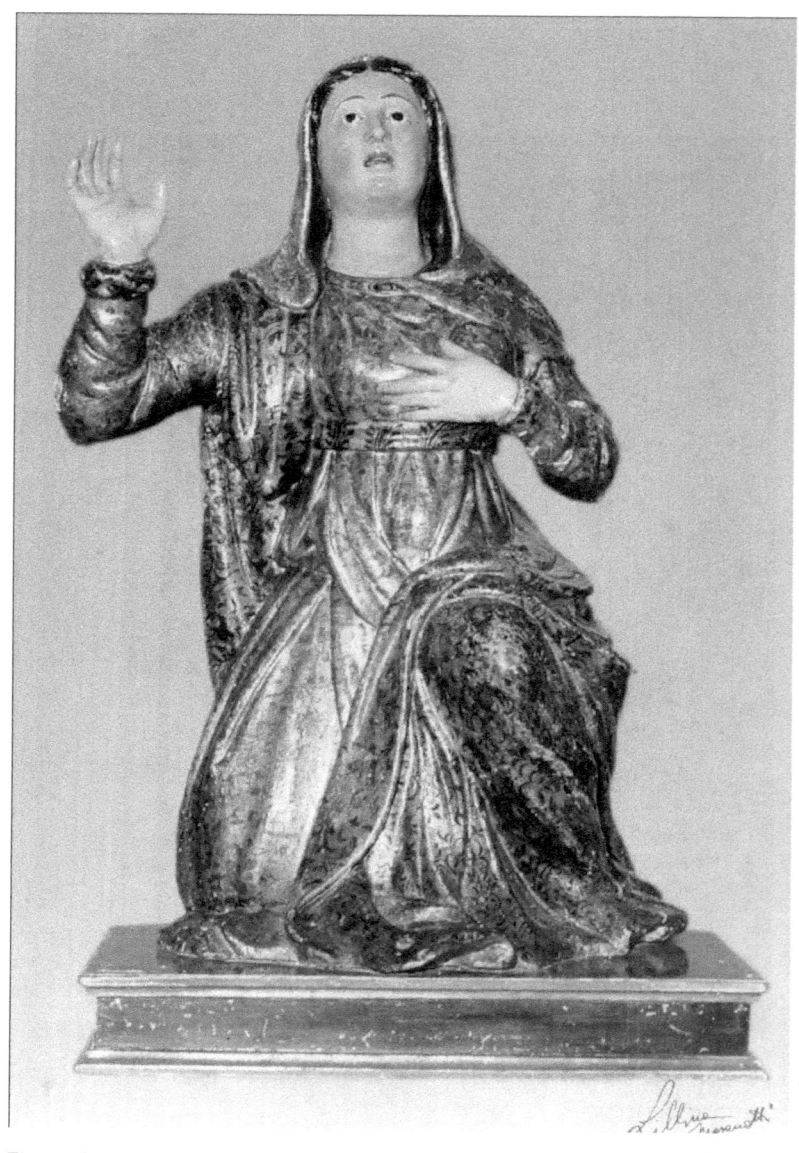

Figura 2. Statua lignea dell'Annunziata, detta Santa Maria di Marino. Basilica di
Vieste. h 100 cm circa.

Le leggende sono una specie di verità condita con molti elementi fantastici. Quand'ero bambino, nella mia felice ignoranza, ma così pieno di curiosità e di voglia di sapere, mi dicevano che la statua di Santa Maria di Marino (cfr. nota xix) (Fig. 2) venerata a Vieste, era stata trovata da alcuni contadini sul lido di Scialmarino, scampata al naufragio di una nave di Saraceni che avevano razziato la chiesa dov'era stata fino a quel momento costudita. Altra variante di questa leggenda invece raccontava che tale statua era stata affidata al mare da alcuni cristiani ortodossi sull'altra sponda dell'Adriatico, per salvarla dalla furia iconoclasta dell'imperatore d'Oriente, Leone III Isaurico, o da qualcuno dei suoi successori.

In quell'occasione, poiché Scialmarino è al confine fra Vieste e Peschici, sia i Viestani sia i Peschiciani reclamarono per sé tale prodigiosa immagine. Così, per non correre il rischio di pericolosi attriti, si decise per un giudizio di Dio, un'ordalia. La statua fu messa su un carro, cui furono attaccati due buoi, uno appartenente a un contadino di Peschici, l'altro a uno di Vieste, e furono lasciati liberi di andare dove volevano. I buoi, insieme, come fossero d'accordo, si diressero spediti verso Vieste; e d'allora in poi essa è venerata nella Cattedrale (ora divenuta Basilica) di questo paese. In ricordo di quest'episodio, ogni anno, il nove maggio, il popolo festoso, giovani e anziani, in un tripudio di gioia, di canti e di primavera, porta in solenne e lunghissima processione tale immagine al suo luogo di origine, per far ritorno a Vieste solo in tarda serata.

Un'altra leggenda, questa volta veramente puerile, per spiegare lo strano gesto delle mani della madonna, dice che essa, durante un bombardamento da parte delle navi turche, essendo stata portata all'esterno della chiesa, si animò miracolosamente e con la mano destra afferrava le palle di cannone per riporle poi nella sinistra sul suo cuore, impedendo così che potessero far del male alla città e alla popolazione.

Non bisogna essere molto addentro alla storia all'arte per capire che la nostra statua è molto più recente rispetto a queste epoche così remote rievocate dalla prima leggenda, e che il gesto delle mani della stessa madonna deve avere un significato molto diverso da quello immaginato nella seconda.

Quello che si può ipotizzare che sia successo storicamente è che nel decimo secolo dell'era cristiana, quando i Saraceni erano un pericolo reale e costante per tutti i nostri mari[i], l'Imperatore Ottone I chiese agli Slavi di essere suoi alleati e di liberare il Gargano dalla loro presenza nefasta. In cambio assegnò loro, evidentemente d'accordo con l'Imperatore di Costantinopoli, tutto il territorio a nord di Vieste, dov'essi, su un'altura a strapiombo sul mare, fondarono la loro fortezza. Questi Slavi però si volevano allargare oltre il dovuto e reclamavano per sé anche la fertile pianura del Piano Grande, la cui lunghissima e dorata spiaggia si chiama Scialmarino[ii], dov'era venerata, a Marino appunto, un'icona di stile tardo-romano rappresentante l'Annunciazione. I Viestani, da sempre unici padroni del Gargano orientale, si opposero. Allora, per evitare una guerra vera e propria, si decise per l'ordalia così come l'abbiamo descritta, con la scelta fatta dai buoi per Vieste.

Per quanto riguarda il significato da dare alla posizione delle mani della statua, vedremo in seguito.

Un'altra leggenda riportataci dallo storico più famoso di Vieste che è Vincenzo Giuliani[iii], ci dice che la Cattedrale di Vieste fu edificata in epoca imprecisata, ma molto antica, sulle rovine di un antico tempio pagano. Federico II poi, poiché l'antica chiesa cristiana era andata in rovina, la fece ristrutturare, dedicandola a Maria Assunta in cielo. Vedremo che questa è invece la pura verità e ritroveremo sia i segni del tempio pagano, sia l'antica chiesa dell'epoca ottoniana, sia poi il successivo rifacimento federiciano, seguito dai vari interventi successivi, i più importanti dei quali avvennero dopo il terremoto del 1646 e in seguito ancora, nel Settecento, sotto i Vescovi Maruca e Cimaglia.

A Vieste il culto per tale Madonna è molto sentito. In molte case, oserei dire in tutte, c'è immancabilmente o un'immaginetta o una fotografia più o meno recente o una riproduzione statuaria di essa.

Riferendomi solo alle statue, queste sono, belle o brutte non importa, di epoche diversissime, e alcune anche abbastanza antiche.

Una in particolare ha attirato la mia attenzione (Fig. 1), anche perché l'ho avuta sotto gli occhi da quand'ero bambino, fino al punto che, nella sua cassa portantina molto preziosa (aveva le colonne anteriori fatte d'avorio purissimo) la portavamo in processione per le vie del paese, con grande e festosa partecipazione di numerosi bambini e anche degli adulti. Inutile dire che tutti, compreso me, la ritenevano una riproduzione della statua venerata in chiesa, molto più grande di essa (misura circa 35 cm contro il metro circa della grande).

Questa statua era originariamente di proprietà del mio bisnonno Michele, custode del Camposanto[iv] vecchio del paese, quello situato nel giardino del monastero dei Carmelitani, demolito negli anni cinquanta del secolo scorso. Alla sua morte è passata a suo figlio Francescantonio, mio nonno.

Alla sua morte questa statua è stata ereditata da mia zia Maria, che, a sua volta, nel 1982 l'ha regalata a mio padre. Ora è in custodia di mio fratello Giovanni.

Questi, in quello stesso anno, in occasione della venuta a Vieste di un valente restauratore che ha lavorato in cattedrale, un certo Losorgiu, l'ha fatta da lui ripulire dalle numerose e bruttissime dipinture che la coprivano e l'ha fatta anche liberare dai tarli che l'avevano quasi ridotta a un ammasso di segatura.

Questo restauro molto accurato e appropriato, che ha fatto emergere in pieno la scultura originaria e i pochi segni di pittura primitiva rimasti, ha permesso una lettura dell'immagine che le ha restituito tutta la sua straordinaria freschezza, un'esecuzione finissima, una singolare bellezza, come anche una capacità di trasmettere una religiosità pacatissima e immediata.

Nel 1984, proprio perché affiorava quasi con prepotenza questa sua venustà, mio padre e mio fratello me la affidarono temporaneamente perché la portassi a Napoli, dove insegnavo, affinché la facessi valutare da un antiquario.

Ricordo ancora, tra una richiesta e l'altra ai vari antiquari e a qualche professore d'Università, l'emozione che provai per la priva volta quand'ebbi l'intuizione, una sera di oltre trent'anni fa, quando, avendola fra le mani, mi sentii stringere un dito dalle sue piccole braccia, delicatamente, come se fosse viva e mi volesse comunicare qualcosa[v].

Nel frattempo, per caso, tenevo davanti a me, sotto il lume, sulla mia scrivania, una pagina della storia dell'arte, che raffigurava la scena dell'Annunciazione di Nicola Pisano del pulpito del Battistero di Pisa. La luce del lume era radente all'immagine ed emergeva nitidamente il fuso stretto fra le mani della madonna di Pisa. Pensai allora, come ispirato: e se questa di Vieste stesse facendo lo stesso gesto dell'Annunziata di Pisa? Stesse cioè tenendo fra le dita della mano sinistra un fuso? Se così fosse, vuoi vedere che la statua originaria di Vieste è questa e non quella venerata ora in chiesa, che tra le mani non può tenere assolutamente niente?

Da quel momento, pur nell'apparente assurdità di questa specie di folgorazione intuitiva, ho affrontato la questione con impegno, caparbietà e sempre più profondi chiarimenti.

Inquadrai allora questo tema (cioè che la statua più antica fosse la piccola e non la grande) in un castello apparentemente solidissimo di ipotesi in cui sostenevo che Vieste fosse l'Uria tramandataci dai testi greci e latini, che le iscrizioni di Vieste fossero dedicate ai tre elementi primordiali della natura divinizzati, l'aria, la terra e l'acqua, divenuti come dei Zeus, Demetra e Venere; che sempre a Vieste fosse dedicato a questa triade divina un tempio; che questo tempio pagano esisteva tuttora ed era ben visibile; che sulle sue rovine fosse stata edificata la primitiva chiesa cristiana in epoca ottoniana; che questa chiesa, colpita rovinosamente dal terremoto del 1223, fosse stata riedificata attorno al 1240 sotto Federico II dal suo più valente architetto-scultore, Nicola di Pietro d'Apulia, il quale, tra l'altro, cinse l'intero paese di mura e di porte. Questi, per completare l'pera, prendendo a modello l'antica icona tardo-romana dell'Annunciazione, scolpì due statue, inserendole in due nicchie all'ingresso del cimitero del paese, posto dov'è ora la sagrestia.

Molti, non tanto velatamente, mi hanno detto che non faccio storia ma *scoop* sensazionalistici, tanto per apparire. Molte cose difatti possono e devono essere riviste e moderate, se non altro affrontate da studiosi più valenti di me. Quell'idea originaria però (quella che la statua più antica sia la piccola) è rimasta intera e ferma nella mia mente e si è rafforzata ulteriormente.

Gli articoli da me scritti al riguardo sono stati pubblicati, tra il 1986 e il 1997, dalla rivista Garganostudi di Monte Sant'Angelo.

Siccome credo però che non tutti a Vieste li abbiano letti e soprattutto perché molte cose sono state da me approfondite e riviste, ritengo che sia cosa utilissima presentare a un pubblico più vasto queste mie scoperte e intuizioni.

Sono frattanto andato in pensione e, seguendo una mia antica passione e propensione, mi sono iscritto all'Accademia di Belle Arti di Napoli, specializzazione scultura. Qui, con la mia solita curiosità, oltre a studiare come uno studentello alle prime armi, chiedevo a destra e a manca a tutti i professori che mi capitavano a tiro, un parere sul mio antico studio. Al contrario di Vieste qui tutti mi davano ragione immediatamente, senza riserva e senza tentennamenti, almeno sul fatto che la statua più antica fosse la piccola e non la grande. Uno di questi miei insegnanti mi ha detto: *Non so con precisione a che epoca risalga, sicuramente però è anteriore all'altra, ed è degna di stare in un museo.*

Così, per avere una conferma definitiva o una smentita altrettanto risolutiva che mi mettesse il cuore in pace, ho fatto un'indagine su internet per scoprire se esisteva in Italia un centro che mi potesse fare, a un prezzo per me accettabile, l'analisi al radiocarbonio del legno di tiglio della statuetta. Sono stato fortunato. Esiste, e abbastanza vicino, presso l'Università del Salento. Ho chiesto quali fossero le procedure e quale il costo e mi è stato risposto. Dopo tre mesi di trepidazione, finalmente il responso, che potete vedere in sintesi nella figura3.

La statua è molto antica. Secondo questo test Il *range* temporale nel quale può collocarsi al 95,4% va dal 1470 al 1650.

Per me è sufficiente e conferma in maniera definitiva la mia tesi[vi].

Quando si dice dal 1470 al 1650, ogni data va bene. Il test da solo è, per forza di cose, vago. Devono essere gli elementi storici collaterali a dare una risposta più precisa. Queste considerazioni su questi elementi storici ce le avevo tutte già pronte, e così ora siamo sicuri, scientificamente sicuri, che la madonna più antica, tra le due, sia la piccola. Se la grande, come tutti tendono ora ad affermare, e come, con dovizia di dati e di considerazioni dimostrerò io, è degli inizi del Cinquecento o degli ultimi anni del Quattrocento, la piccola, come minimo, è di qualche decennio anteriore.

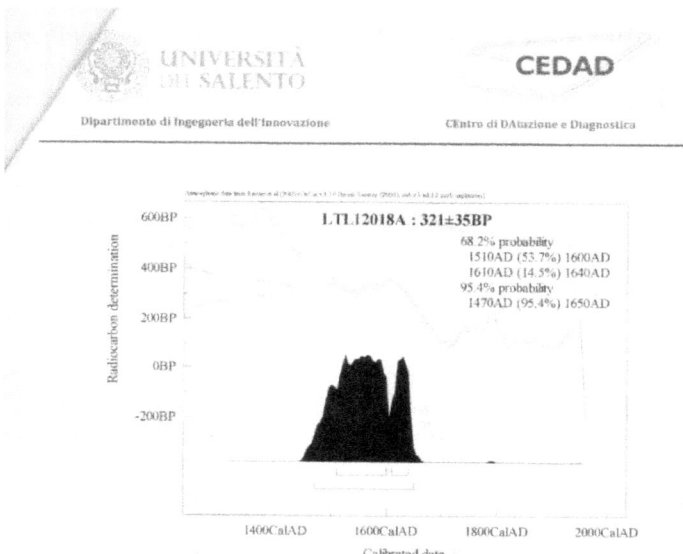

UNIVERSITÀ DI SALENTO

CEDAD

Dipartimento di Ingegneria dell'Innovazione   CEntro di DAtazione e Diagnostica

Figura 1. Calibrazione della data convenzionale al radiocarbonio del campione LTL12018A

CODICE CEDAD	CAMPIONE	DATAZIONE CALIBRATA (LIVELLO DI CONFIDENZA 2σ)
LTL120818A	NNNFNG47	1470AD (95.4%) 1650AD

TABELLA 3. Riepilogo delle datazioni calibrate per i campioni

CEDAD - CEntro di DAtazione e Diagnostica
Dipartimento di Ingegneria dell'Innovazione, Università del Salento
c/o Cittadella della Ricerca, S.S. 7 per Mesagne, Km. 7 +300, 72100 Brindisi
Tel. +39 0832 296 050 FAX +39 0832 296058
e-mail: cedad@unisalento.it
web: www.cedad.unile.it

4/5

Fig. 3 Documento con i risultati dell'esame al radiocarbonio del legno di tiglio della statua piccola.

La prima, fondamentale, prova che il prototipo delle due immagini sia la piccola è il significato non fantasioso che esprime il gesto delle due mani della madonna, la piccola ovviamente, perché frattanto nella grande tale significato originale s'è perso del tutto, pur essendo, solo in maniera grossolana, molto simile[vii].

Cercherò di descriverlo (questo gesto) con le parole, anche se nella ricostruzione che ne ho fatto (Fig. 4) è molto più chiaro.

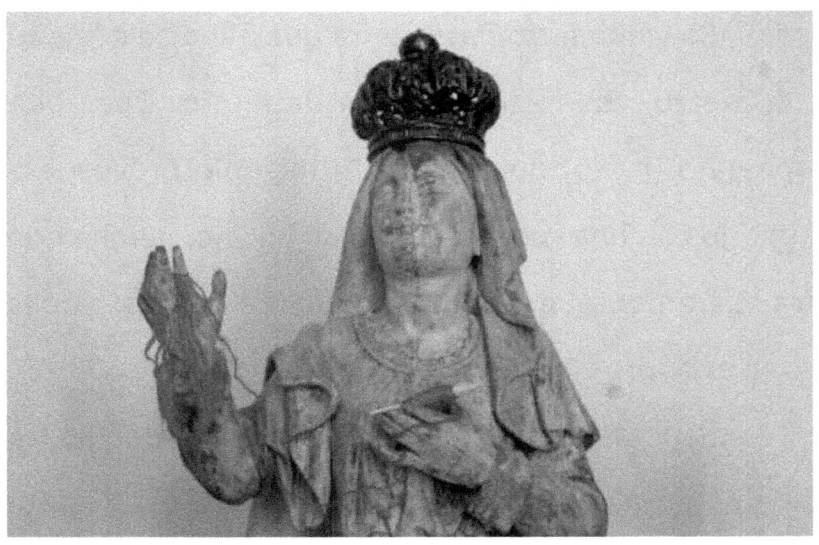

Figura 3. Ricostruzione del gesto del "far la matassa".

La vergine Maria tiene nella sua mano sinistra il fuso che già, nel complesso rituale della lavorazione della lana degli antichi, aveva in precedenza riempito di filo,

29

avendolo prillato dalla conocchia (dove veniva addensata la lana grezza già pulita e cardata).

Una volta riempito il fuso, bisognava srotolarlo del suo filo, per renderlo prima matassa e poi gomitolo. Dal gomitolo infine si procedeva alla tessitura del capo di vestiario desiderato.

Maria tiene, in questo momento, così come immaginato nella figurazione scultorea, il fuso stretto nella mano sinistra fra l'indice posto in avanti e il pollice dietro. Il filo viene fatto passare fra quest'indice e le due dita di mezzo, che lo trattengono da dietro. Una volta oltrepassato (il filo) queste dita, il mignolo provvede a trattenerlo con una specie di morsa a uncino, perché non scorra liberamente, ma soltanto al volere del gesto della persona al lavoro.

La mano destra frattanto afferra il capo del filo fra l'indice e il medio e lo tira verso l'alto con tutta l'estensione del braccio, mentre il fuso, nella sinistra, allentata la morsa delle dita, gira liberamente su se stesso, srotolandosi così il filo dal fuso, passando sulla destra.

La destra poi torna nuovamente verso il capo del filo trattenuto dal mignolo della sinistra. Qui riafferra il filo e lo tira un'altra volta tanto quant'è lungo il braccio, facendolo passare e trattenendolo in una specie di forchetta i cui rebbi esterni sono il mignolo e l'indice e quelli interni il medio e l'anulare.

Ripetendo ritmicamente questo movimento in breve tempo il fuso sarà libero, mentre tra le dita della mano destra si sarà formata la matassa.

Tutta la figura diventa così chiaramente intelligibile, senz'alcun altro significato misterioso o para-religioso.

Maria era intenta nel suo quotidiano lavoro, quando, apparsole l'Angelo, dopo un primo momento di turbamento, ascoltato il suo Divino Messaggio tanto atteso da Israele, Ella cade genuflessa, piena di gioia e di riconoscenza nei riguardi di Dio.

Questa realizzazione plastica esprime in maniera mirabile, artisticamente magistrale e teologicamente perfetta, il rapporto che intercorre tra il divino e l'umano, tra la regalità di Maria e la sua semplicità di donna del popolo. Ella, veramente è Regina (il legno sul capo della madonna è stato intagliato prevedendo positivamente e originariamente la corona) e operaia; il divino non la sconvolge ma l'illumina. Dio non annulla la sua umanità, ma la sublima.

Quant'è lontana, teologicamente parlando, ora, la figurazione cinquecentesca della statua grande!

La piccola esprime serenità, la grande quasi una specie di dolore e mestizia: una rassegnazione.

La piccola esprime una teologia di stampo tomistico, la seconda una teologia che s'avvicina a una mentalità pessimistica, in cui Dio è il "tutt'altro", quello che s'impone all'uomo quasi con violenza, sconvolgendolo e quasi annullandolo con la propria presenza preponderante.

Nel vangelo, dopo il primo annuncio di Gabriele, si dice che Maria *si turbò*. L'Angelo di rimando le dice *non temere Maria...* Questo legittimo turbamento, questo timore non è paura o, peggio, terrore o angoscia o esitazione. Maria non sfugge allo sguardo e alle parole del Messaggero Divino, ma *si domandava che saluto fosse questo*. Non mette minimamente in dubbio l'autorevolezza del suo interlocutore, come sei mesi prima aveva fatto Zaccaria, quando gli fu annunciato la nascita, nella sua vecchiezza e nella sterilità di sua moglie, di suo figlio Giovanni, il Precursore. Attende semplicemente di sapere come avverrà quello che Dio vuole da lei.

Perciò tutte le rappresentazioni, specialmente quattrocentesche e cinquecentesche che rappresentano l'Annunziata quasi schiacciata e terrorizzata da questo messaggio, sono erronee nella loro interpretazione teologica ortodossa. Per tutte riporto, nella figura 5 l'Annunciazione di Lorenzo Lotto del 1527, in cui chiaramente Maria è spaventata dalla presenza dell'Angelo, il quale, da parte sua, pare quasi inseguirla. I loro sguardi non s'incrociano. Maria, più che pronunciare il suo *fiat* convinto, sembra piuttosto che subisca l'avvenimento.

Similmente, a Vieste, nella madonna grande l'annuncio dell'Arcangelo non provoca gioia, ma quasi un senso di profondo dolore, esprimendo bene questa interpretazione teologica e filosofica negativa nei confronti dell'uomo, molto comune, a quanto pare, in quei tempi (il Rinascimento), nella mentalità di tanti artisti e teologi.

La bocca di Maria nella statua piccola è chiusa ed emana dal suo dolce sorriso una serenità celestiale. Nella grande, la bocca è aperta, intravedendosi i denti, e chiaramente la donna sta emettendo un grido soffocato di dolore, anche nella sua profondissima accettazione della divina volontà redentrice.

Esprimendomi con più chiarezza, questa statua grande di Vieste non è sicuramente eterodossa in quanto esprime una mentalità e un'interpretazione cattolica in voga in quei tempi, ma non corrisponde alla nostra sensibilità di cristiani che sente e sa che Maria è vera madre di Dio, avendo concepito e fatto crescere dentro di sé, come tutte le mamme, il bambino divino, partorendolo poi, dopo nove mesi.

Tutto questo dimostra ancora una volta che la piccola è di un'epoca in cui prevaleva la concezione teologica scolastica, la seconda è di epoca rinascimentale, nella quale, pur avendo innalzato l'uomo a centro dell'universo quale *copula mundi,* lo si affidava però alla sua solitudine cosmica. Gli umanisti e i loro successori, gli uomini del Rinascimento, non hanno avuto il coraggio di negare Dio, ma lo hanno reso esangue, minaccioso, una pura potenza celeste che domina il mondo e l'uomo nella sua inarrivabile alterità.

Quest'uomo poi, così innalzato nella sua sovranità mondana, per Lutero è diventato *inevitabilmente peccatore*, per Calvino è *predestinato* alla dannazione o, solo per pochi eletti, alla salvezza.

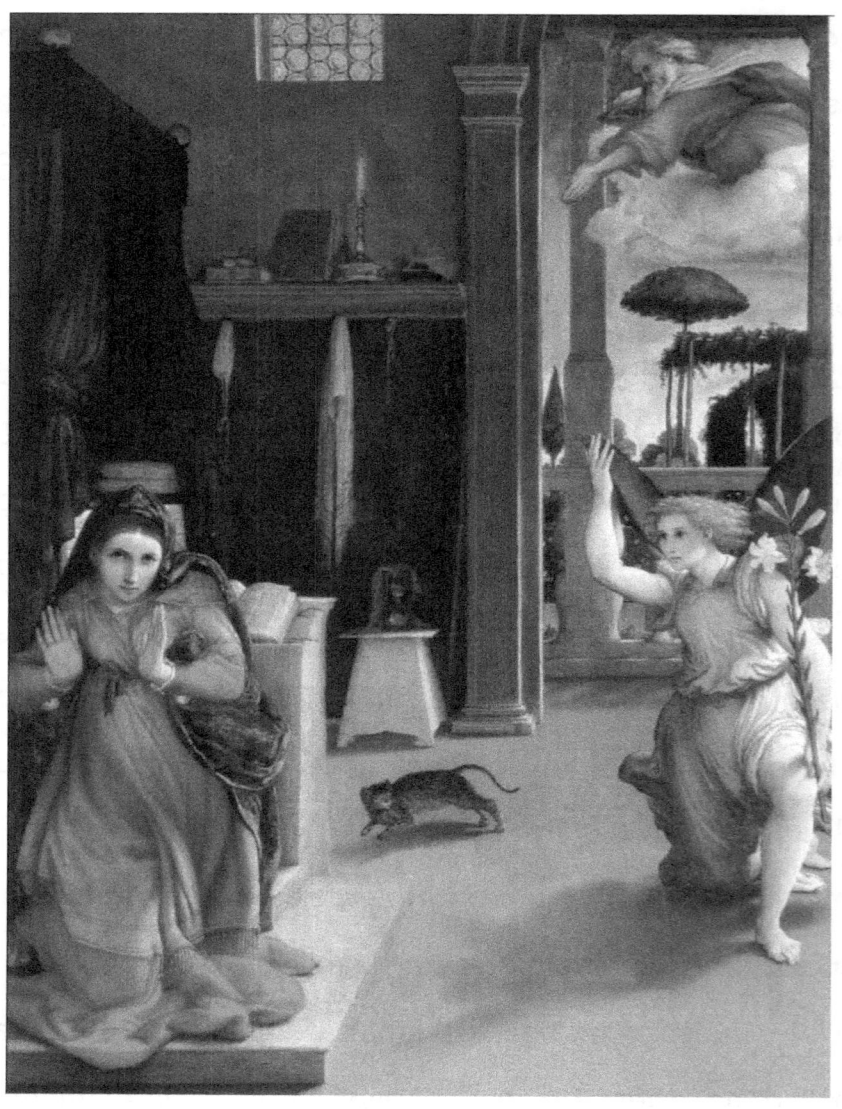

Figura 5. Annunciazione. Lorenzo Lotto. Recanati. Pinacoteca Comunale. 1527 circa.

Per il più equilibrato Erasmo da Rotterdam questo

stesso uomo è certamente capace di autodeterminazione

nel bene o nel male, senz'alcuna predestinazione

anteriore alla nostra capacità di scelta, ma quell'equilibrio perfetto tra Dio e la sua creatura, con prevalenza ontologica e teleologica di Dio, tipico della riflessione tomistica e del magnifico canto della Divina Commedia, è stato per sempre perduto. Perfino il peccato originale, in quell'ottica preumanistica, nella liturgia della chiesa, aveva ed ha un senso salvifico nel grande progetto di Dio: *o felix culpa* si cantava in un bel latino nel canto gregoriano dell'*Exultet*.

Un grande teologo tedesco, Karl Rahner, a proposito del rapporto fra il divino e l'umano, ha parlato di *esistenziale soprannaturale*, intendendo con quest'espressione, presa da Heidegger, che l'uomo, ogni uomo, è naturalmente predisposto e aperto alla grazia. Tale grazia però, nella concezione del teologo, può essere accolta o rifiutata solo nell'incontro con l'autorivelazione di Dio, nel Vecchio Testamento solo mediante la legge e i profeti. Nel Nuovo Testamento l'autorivelazione di Dio si manifesta direttamente nella persona fisica e umana di Gesù.

Detto in parole più semplici, noi siamo fatti per Dio, nella nostra struttura finita aperta all'infinito; ma possiamo arrenderci a quest'infinito (che si manifesta non solo come nostra aspirazione interiore ma come forza a noi estranea e personale che ci interpella come un Tu) e otterremo la salvezza, o rifiutarci e saremo dannati. La presenza e l'accettazione di Dio però non sono un di più, ma un completamento della nostra naturale predisposizione verso il divino. Il divino cioè, accettato, rende l'uomo veramente se stesso, felice e completo, anche se magari nella povertà e nella persecuzione.

Torniamo ora però a un altro argomento che ci convincerà ancora una volta della bontà della nostra tesi.

Seguendo le argomentazioni di don Marco della Malva[viii], si evince che nel 1480, durante un'incursione dei Turchi provenienti da Otranto, gli abitanti abbandonarono la città disperdendosi nelle campagne o rifugiandosi nel castello, ben difeso da Antonio Miroballo. I Turchi allora dilagarono nella città e la misero a ferro e a fuoco. Tentarono pure, un giorno solo, il 31 agosto, l'assalto al castello, ma non riuscirono a prenderlo. I Viestani, ritiratisi i Turchi, tornarono in paese, e tra le rovine e le mura affumicate della Cattedrale, trovarono perfettamente intatta la statua della Madonna di Santa Maria di Marino. Gridarono allora al miracolo e la venerazione verso tale immagine, già prima fortissima, come altrove si aveva verso la Madonna del Loreto, aumentò ancora di più.

Ora, se una statua lignea può sopravvivere a un incendio, di cui ancora oggi, dopo secoli, possono vedersi le tracce, vuol dire una cosa sola: che le fiamme non la raggiunsero, perché essa era conservata, sia pure in sagrestia, in una nicchia scavata nel solido muro. Durante l'incendio le fiamme insomma la lambirono ma non la raggiusero.

La statua scampata a tale incendio non può assolutamente quindi essere la grande, ma solo la piccola, perché sola essa, stando protetta all'interno di tale nicchia nelle mura, a metà strada fra pavimento e soffitto, avrebbe potuto resistere alle fiamme per così lungo tempo, senza bruciare, tenendo presente che forse la nicchietta era anche protetta da una lastra di vetro o di alabastro.

Questa considerazione merita un approfondimento. Mettiamo che la statua miracolosamente scampata all'incendio nella sagrestia sia la grande. Dove sono i segni di quest'incendio su di essa? O veramente dobbiamo pensare a un miracolo vero, per cui essa, *come il roveto di Mosè* stette nelle fiamme e non bruciò? Siamo seri. A Dio nulla è impossibile, ma normalmente, quando avvengono cose di questo genere, si tratta più eventi miracolosi che di miracoli veri e propri.

Guardiamo invece con attenzione le figure 1 e 41. Come si piò ben vedere, tutta la parte inferiore della statua piccola, all'altezza del piede sinistro, è mancante. Dai segni evidenti che percorrono tutta l'area anteriore - le pieghe superstiti di quest'area sono tutte di colore bruno. S'intuisce che questo scolorimento è stato causato da una bruciatura intensa, senza però contatto diretto con le fiamme.

Guardiamo il viso: è attraversato da una spaccatura che inizia dalla cervice e arriva fino alla base del collo, continuando, nella parte posteriore, fino a metà corpo della statua. È molto più accentuata sulla fronte, all'attacco dei capelli col mantello, dove notiamo lo stesso colore bruno (come quello della tostatura) riscontrato sul piede sinistro.

Tutta la parte superiore del capo, dov'era la corona, è quasi completamente scomparsa; ed anche in questa zona notiamo, sia pure più lieve, lo stesso colore bruno-caffè del legno e della pittura.

La spiegazione è molto semplice. La madonnina, essendo all'interno della nicchietta, durante l'incendio, si è trovata come in un grande forno incandescente. Tutt'attorno le fiamme divampavano, distruggendo ogni cosa combustibile. Essa invece, così protetta, fu cotta e non bruciata, ma solo nelle sue parti più esposte, il piede sinistro che confinava con la parete del muro e la testa, dove avendo al corona di metallo, buona conduttrice di calore, è stata scottata più che nel resto del corpo.

L'Annunciazione di Vieste di quest'epoca, di cui s'è salvata solo la madonna, era all'ingresso della sagrestia non per un mero motivo di conservazione o di custodia, ma perché allora così si usava. Nel Medioevo infatti e fino a tutto il tardo Quattrocento, all'ingresso dei cimiteri venivano posti ai suoi due lati, su due nicchie affrontate o su due pilastrini i due personaggi dell'Annunciazione, Maria e l'Arcangelo Gabriele, per intendere che, come Dio dal grembo non fecondato di una donna trasse per sé suo Figlio, così Egli, potrà dare nuova vita anche a delle ossa ormai polverizzate.

Quanto sto dicendo non solo è confermato dalla presenza in varie parti del mondo di numerosissime sculture affrontate dell'Annunciazione, come ho detto, ma dalla esistenza, a Vieste stessa, dell'antica nicchia in cui era conservata e venerata la madonna più antica di Santa Maria di Marino.

Questa nicchia, insieme con l'altra perduta che conteneva l'Arcangelo, era posta all'ingresso del cimitero del paese, che coincideva con l'attuale sagrestia. Tale porta non è quella attuale, fatta nella ristrutturazione settecentesca, ma quell'arco gotico venuto solo recentemente alla luce (Fig.6). Era ai lati di quest'arco che erano collocate le due statue nelle loro rispettive nicchiette come quelle che vediamo nella fig. 8.

Basterebbero queste considerazioni per essere certi che a Vieste ci fu un violentissimo incendio in cattedrale, che distrusse la sagrestia e forse tutta la chiesa. Durante quest'incendio la Madonna di Santa Maria di Marino, sotto forma statuaria, esisteva di già; si salvò da quest'incendio e la popolazione festante gridò al miracolo, avendola trovata praticamente intatta tra le rovine fumanti. Si decise allora, per attribuirle un culto più adeguato, di farne una nuova immagine più solenne e maestosa: la statua grande attuale.

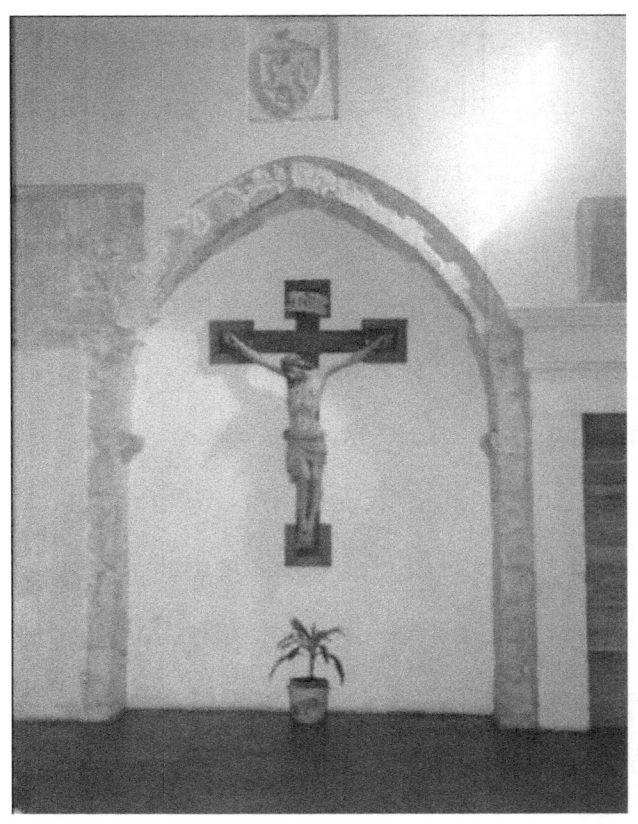

Fig. 6 Arco d'ingresso della sagrestia medioevale.

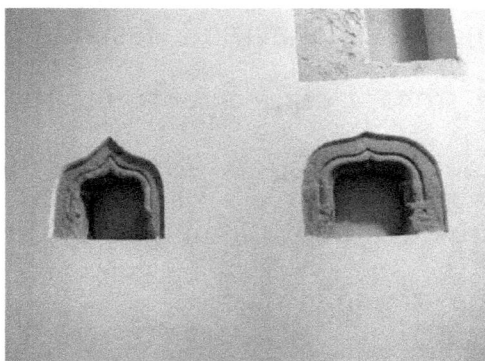

Fig. 7 Nicchiette affrontate. Napoli. Museo di San Martino.

Durante l'incendio, o forse dopo, l'Angelo è stato perduto; in ogni caso la madonnina rimase lì al suo posto ancora per qualche secolo.

Quando, nel primo Seicento, si decise di collocare definitivamente la statua grande nell'attuale Cappella del Popolo, poiché tale cappella era praticamente il cimitero dei maggiorenti del paese, si decise che Maria, custode perenne della speranza che accompagna i cimiteri cristiani, venisse trasferita con tutt'e due le immagini che la rappresentavano in tale cappella. Ai lati della madonna grande vennero posti i mezzibusti dei patroni di Vieste: San Giorgio e San Ponziano e la piccola Annunziata in alto.

La nicchietta venne sradicata di sana pianta dal muro dell'ingresso medioevale della sagrestia (che fu per l'occasione murata, e per secoli invisibile) e fu collocata, con la madonna che conteneva, in alto, verso destra, sul cornicione superiore della cappella in questione. Vedete la fig. 7 e la fig. 9 e capirete che non è solo fantasia, ma folgorante verità, nella sua straordinaria semplicità di una evidenza perduta.

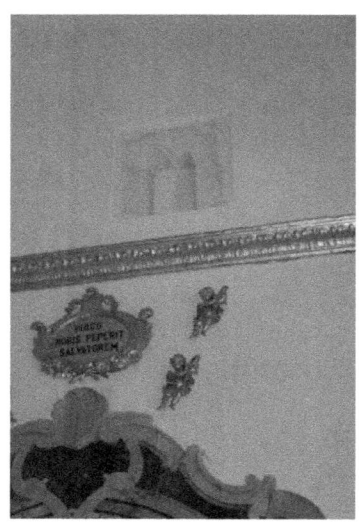

Fig.8 Nicchietta nella parte superiore della Cappella del Popolo.

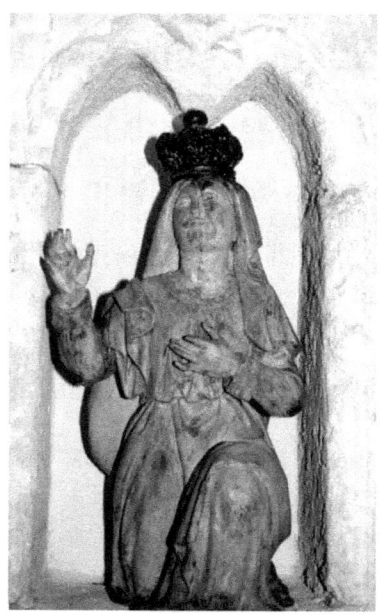

Fig. 9 Statuetta all'interno della sua nicchia originaria.

Questo avvenne per la precisione nel 1617, quando:

Il 15 marzo il notaio Simone Tranasio stese un atto notarile per il quale l'Università, cioè il Comune di Vieste, faceva propria la cappella, l'attuale, e fu detta cappella dell'Università o cappella del popolo viestano. Era sindaco Matteo Clarillo. Il sindaco e il consiglio comunale, per la circostanza, misero a nuovo la statua, facendola indorare.[ix]

Cominciamo quindi a mettere qualche punto fermo nella nostra ricostruzione storica. La statua grande è posteriore al 1480, poiché in questa data non poteva assolutamente esistere e in sua vece c'era la madonnina.

Tale statua grande è però sicuramente anteriore al 1617, poiché in tale data essa fu collocata, secondo il documento riportato, nell'attuale cappella del Popolo e indorata come la vediamo noi oggi. Prima infatti la sua colorazione era più semplice e rispondente ai canoni quattrocenteschi e del Cinquecento: rossa la veste e blu il mantello.

Da considerazioni teologiche specifiche possiamo affinare la nostra datazione (sempre riguardo alla statua grande), perché da disposizioni perentorie del Concilio di Trento il modo di rappresentare l'Annunciazione, qual è in essa, tollerato fino alla Riforma protestante, fu definitivamente proibito.

S'immaginava, in quel tempo secondo alcuni teologi ed artisti, che il concepimento di Maria fosse (come dire altrimenti?) solo fittizio, in quanto il bambino Gesù veniva, già grande, trasferito dal cielo, dove il Padre Eterno lo aveva creato, nel grembo verginale di Maria (Fig. 10)[x], dove sarebbe stato praticamente solo *custodito* fino al momento del parto a Betlemme.

Difatti nella sessione XXV (3-4 dicembre 1563), nel titolo secondo, si stabilì che «...*non sia esposta nessuna immagine che esprima false dottrine e sia per i semplici occasioni di pericolosi errori*».

Questa dottrina fu poi resa operativa da Carlo Borromeo, il quale, nelle *Instructiones Fabricae et supellectilis Ecclesiasticae,* Milano 1577, 1.I, cap. 17, ha scritto «*Per prima cosa dunque in chiesa e in qualsiasi altro luogo sacro non venga riprodotta alcuna immagine che contenga un dogma falso, che possa offrire alle persone semplici occasione di pericoloso errore, o che sia contraria alla sacra scrittura o alla tradizione della Chiesa...».* Tali disposizioni furono inasprite ulteriormente dal fiammingo J. Molanus, il quale nella sua *De Historia SS. Imaginum et Picturarum,* Leyden 1619, 1.II, cap. 58, arrivò a dire che tutti i dipinti e le immagini di questo tipo dovevano essere distrutte.

Possiamo concludere allora, per ora in via approssimativa, che la statua grande è collocabile cronologicamente, e anche stilisticamente, fra il 1480 e il 1563 e che la statua piccola è anteriore al 1480.

Che cosa successe dopo quel famoso incendio?

Facciamo parlare questa volta il Giuliani[xi].

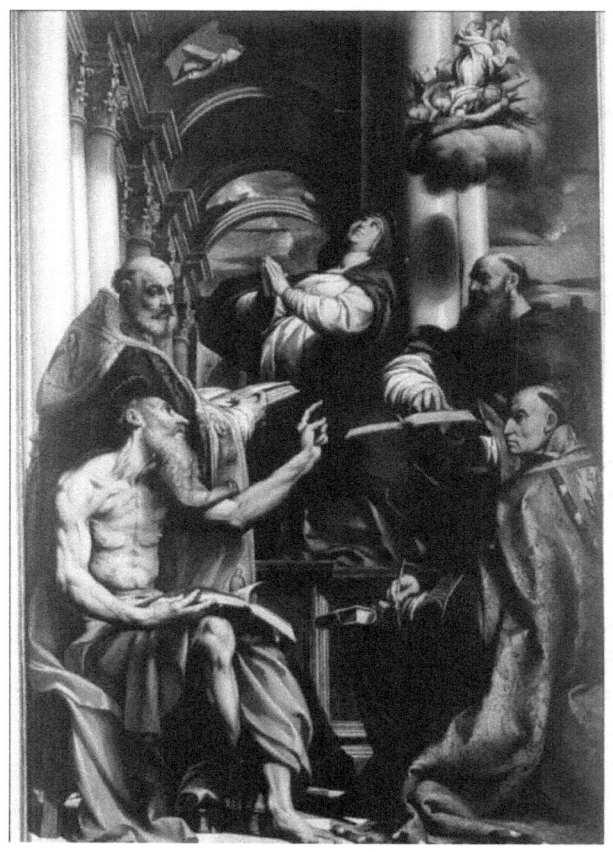

Fig. 10 Il Pordenone. Disputa sull'Annunciazione. Napoli. Museo di Capodimonte. 1529

Rendutasi in potere de' Musulmani l'Albania, all'improvviso nel capo di Santa Maria un'armata di Maometto II, comandata dal Bassà Acomatte , smontò sulla riva quindicimila guerrieri, che nell'ultimo di Agosto del 1480, assalirono la città di Otranto, uccidendone col Prelato buona parte de' cittadini, a riserbo di un misero avanzo, destinato alle ottomane catene. La stessa disgrazia toccò alla infelice Città di

Vieste, mettendola non molto tempo dopo, il ridetto Acomatte, a sacco, ed a fuoco. In sua difesa, coraggiosamente combattendo, morirono D. Giaime d'Ajerba di Aragona, D. Innico de Vera, D. Giulio Acquaviva, Carlo Stello, Diomede della Tolfa, e Francesco, figlio del Dottor Paris d'Apruzzo Consigliere del Re Ferdinando.

In qual dolore, per la perdita delle ridette Città, s'immergesse il cuore di Ferdinando, ognuno potrà imaginarselo. Prese tutti gli espedienti necessarj al riparo delle medesime, e per lenirne la gran piaga, le colmò di maggiori privilegj. Volle, come si ha da' registri di cancelleria, che sotto il dominio, e reale protezione, esenti da ogni peso restassero, e che Vieste di bastevole munizione, e di maggior numero di soldati venisse fornita; anzi a richiesta di Antonio Miroballo, che un semplice dominio rappresentava su gli erbaggi demaniali, sebbene dal Mazzella si dica Signore di Vieste, di persona si portò in detta Città a contemplarne la rovina.

Ecco, tutto è chiaro ora, anche se documenti più espliciti non ne abbiamo, almeno finora.

L'incendio e l'assedio avevano stremato la città, che per poco non fece la fine di Otranto.

51

I Viestani in tanto doloroso frangente avevano ritrovato la speranza rinvenendo la veneratissima immagine dell'Annunziata intatta nella sagrestia incenerita dal fuoco dei Turchi. Il signore (o semplice dominus degli erbaggi demaniali) di Vieste, Antonio Miroballo, impetra un intervento efficace del re Ferdinando, e questi non solo lo accontenta, ma si reca personalmente a Vieste a contemplarne la rovina, rendendola un possesso diretto della sua corte.

Questa è stata, secondo me, la precisa occorrenza della decisione di fare una copia più grande e maestosa dell'immagine miracolosa.

C'è l'occasione: il miracolo. C'è l'intercessore: Antonio Miroballo. C'è il finanziatore: il re Ferdinando. Manca solo il nome dell'intagliatore della statua grande, che non è difficile da reperire.

Per cominciare vi faccio vedere due madonne di due natività diverse scolpite da Pietro Alamanno (Fig. 11 e 12).

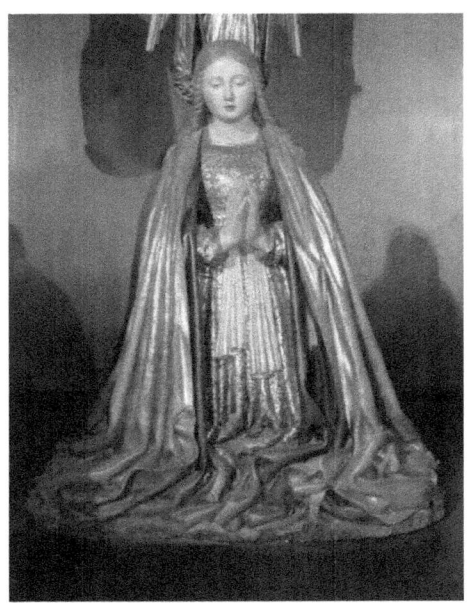

Fig. 11. Pietro Alamanno. Natività. 1478. Napoli. Museo di San Martino.

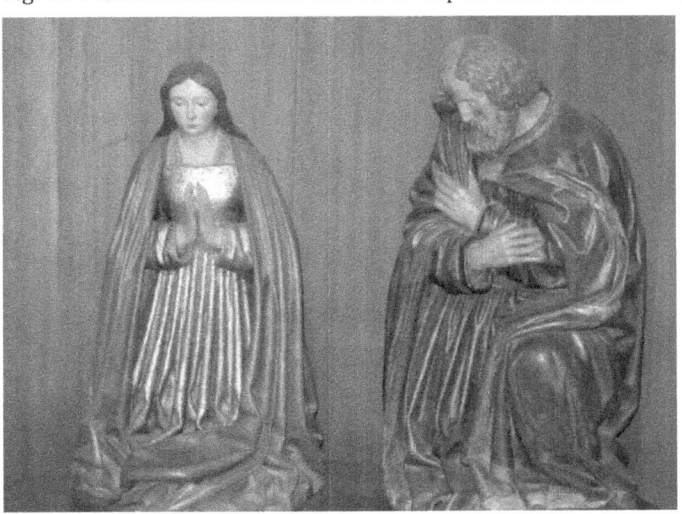

Fig. 12. Pietro Alamanno. Natività. Complesso dell'Annunciata. Ante 1484. Napoli. Museo di San Martino.

La prima è del 1478, la seconda è anteriore al 1484. Non vi parlo di affinità stilistiche, di paternità evidenti per uso di stilemi identici fra l'esecutore delle natività e dell'autore della madonna di Vieste, perché non ne sarei molto capace. Altre similitudini stilistiche potrebbero portarsi con ugual valore probante fra la nostra madonna e le altre statue di due scultori dell'area napoletana di qualche decennio posteriori, quali Pietro Belverte e Giovanni di Nola (Fig. 13) e (Fig. 14).

Per la nostra ricostruzione generale c'è perfetta rispondenza di risultati in ogni caso. Io però propendo per la prima soluzione per motivazioni puramente storiche, che tra poco enuncerò, e per un particolare tipico di esecuzione materiale delle opere di Pietro Alamanno. Sia il San Giuseppe della Natività del complesso dell'Annunziata, sia altre figure della Natività di San Giovanni a Carbonara, sono scolpiti solo sulla parte esterna del tronco del legno su cui sono stati intagliati. Questo per una evidente ragione fisica, giacché scavando il tronco e scolpendo solo la parte più esterna, si sottopone il legno, nel tempo, a meno torsioni e quindi meno incrinature superficiali possibili.

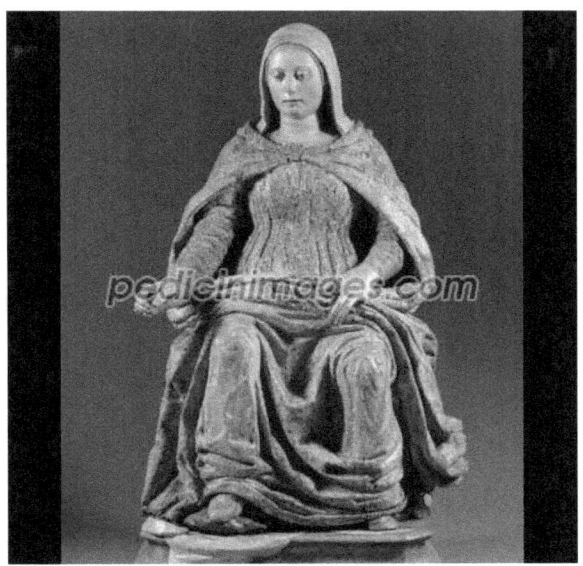

Fig. 13. Madonna di Pietro Belverte.

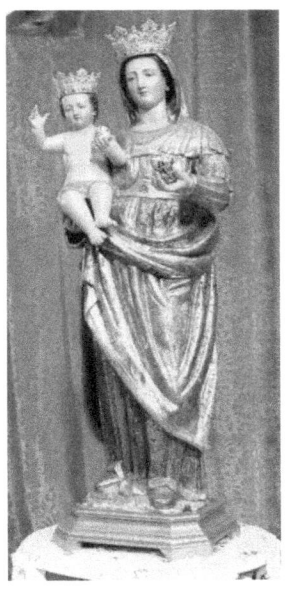

Fig. 14. Madonna di Giovanni di Nola. Ponticelli.

Anche la Madonna di Vieste è fatta così: apparentemente è a tutto tondo, invece è come schiacciata, essendo come una specie di altorilievo senza sfondo. Basta guardarla di lato per accorgersene.

Le motivazioni storiche però sono assai più convincenti, anche se, ripeto, mancano documenti sicuri e definitivi al riguardo.

A Napoli è stata da non molto riaperta al culto una chiesa, S. Giovanni a Carbonara, notevolissima per la storia artistica e civile del Regno.

All'interno di essa, tra altri pregevoli monumenti, c'è, proprio di fronte all'ingresso principale, sui cui stipiti è raffigurata un'Annunciazione con i due personaggi affrontati, la cappella dei Miroballo.

Fu concessa nel 1454[xii] dai monaci di S. Giovanni a Carbonara a Giovanni de Miroballo.

Giovanni Miroballo nacque a Napoli nell'ultimo decennio del XIV secolo.[xiii] La sua attività di banchiere si affermò soprattutto durante il regno di Alfonso V d'Aragona. Il Miroballo portava i titoli di *miles* e di *regius consiliarius*. Dal 1456 fino alla morte fu presidente della Regia Camera della Sommaria, tra gli uffici più prestigiosi del Regno; nel 1459 fu maestro della Zecca. Nel 1452 acquistò le località di Gragnano, Lettere e Positano nel Principato Citra e di Vieste nella Capitanata. Nel 1448 Alfonso dispose che ogni transazione riguardante la regia corte dovesse passare attraverso la banca del Miroballo.

Morì a Napoli nel 1465.

Aveva avuto cinque figli maschi, tra cui, ultimogenito, Antonio.

Questi, anch'egli *miles* e *regius consiliarius*, nel 1452 presidente della Regia Camera della Sommaria, fu maestro della Zecca di Napoli nel 1459. Fu governatore del Principato Citra con lo stipendio di 300 ducati.

Ereditò dal padre la cittadina di Vieste, che fece ricostruire dopo la distruzione e il saccheggio da parte dei Turchi. La restituì poi alla regia corte, che qualche anno dopo passò agli Aragonesi di Spagna. Questi infine la donarono al gran Capitano Fernández de Córdoba[xiv]. Morì verosimilmente nel 1513.

La cappella di San Giovanni Evangelista fu abbellita di marmi bianchi e di numerose sculture, tra cui, al vertice, una bella statua policroma di San Michele Arcangelo, sicuramente dopo il 1470, quindi su commissione di Antonio Miroballo. Parteciparono alla realizzazione di tali fregi e di tali sculture quasi sicuramente gli stessi autori che realizzarono l'Arco di trionfo di Alfonso d'Aragona di Castel Nuovo.

Accanto alla Cappella di San Giovanni Evangelista v'è la cappella del Presepe dei Recco, che però, all'epoca che ci interessa, era in possesso della famiglia Pepe.

Jaconello Pepe[xv] difatti il 30 giugno 1478 con istrumento del notaio Casanova aveva dato incombenza a Pietro Alamanno e a suo figlio Giovanni, scultori di figure in legno, di lavorare le statue del Presepe al prezzo di 12 once di carlini d'argento. Le statue convenute erano le seguenti: la Vergine Maria coronata, S. Giuseppe, il Bambino, il bove, l'asino, 12 pecore, 3 pastori, 2 cani, 4 alberi, 11 angioli, 2 profeti e 2 sibille e la stella simbolica. E dovevano essere compiute pel Natale del 1474.

Questi pastori dovettero essere terminati dopo la morte del Pepe, perché il 22 marzo 1484 Ricco

Coccio, nipote di Jaconello, diede incarico a Francesco Felice di indorare le figure di tale Presepe alla maniera di quelle di Santa Maria la Nova, di S. Eligio e dell'Annunziata per prezzo di ducati 90.

Di queste figure ne sopravvivono diciannove, tra le quali mancano il Bambino, i tre pastori, due angeli, le pecore, i cani e gli alberi.

Quando il Filangieri scriveva questo libro (prima del 1924) queste statue erano accatastate, in malo modo, ancora nella cappella Recco. Ora sono tutte insieme in bella mostra in una vano apposito nel Museo di San Martino (Fig. 15).

Facciamo ora una specie di sequenza sillogistica: Antonio Miroballo era signore di Vieste e possessore a Napoli della Cappella di San Giovanni Evangelista. Accanto a questa cappella v'era quella del Presepe fatto scolpire da Jaconello Pepe dagli scultori Pietro e Giovanni Alamanno, che lo avevano terminato attorno al 1474. Nel 1480 ci fu a Vieste il miracolo in cui la madonna di Santa Maria di Marino venne preservata dal fuoco. La città era distrutta e il re Ferdinando I voleva lenirla dalla sua

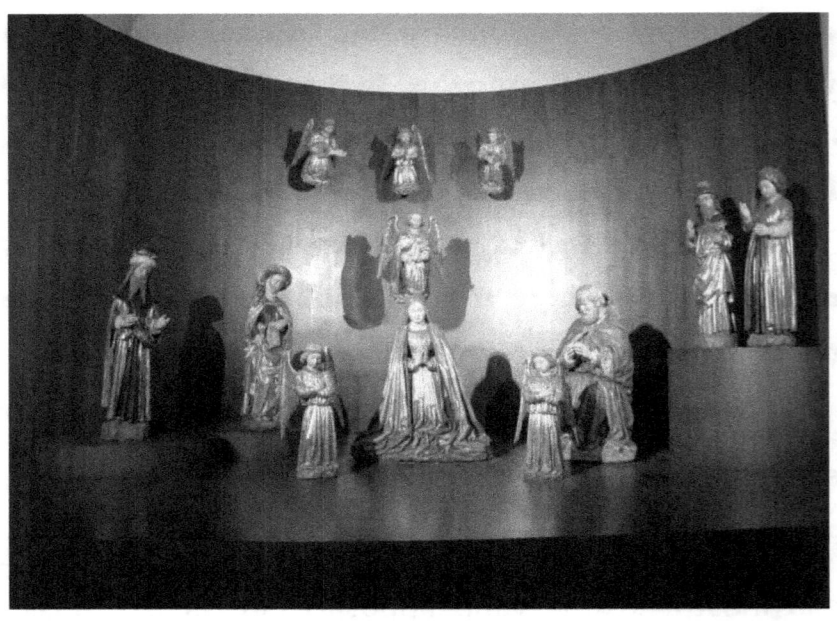

Fig. 15. Pietro e Giovanni Alamanno. Presepe di San Giovanni a Carbonara. Napoli. Museo di San Martino.

miseria e risollevarla. C'è oggi, a Vieste, intagliata in un tronco di tiglio, a imitazione della madonna miracolosa scampata all'incendio, una statua molto somigliante alle figure dei presepi degli Alamanno. Sicuramente il *patronus* di Vieste, incaricato dal re di mettere in opera la ricostruzione del misero paese conosceva benissimo i due scultori in questione...Ergo la madonna di Vieste è stata scolpita da uno dei due Alamanno, su commissione di Antonio Miroballo e finanziamento del re Ferdinando.

Certo, per essere fiscali, conoscere non significa incaricare, ma tutti gli indizi portano a questa conclusione, che cioè la statua grande di Santa Maria di Marino è stata scolpita proprio nel 1480 da Pietro e/o Giovanni Alamanno o a Napoli o a Vieste; in ogni caso tenendo come modello da riprodurre la statua piccola.

Dobbiamo tentare ora, con uno sforzo ulteriore, di collocare cronologicamente, se ci riusciamo, anche la statua piccola.

Abbiamo documenti certi che nel 1617 esisteva di sicuro la statua grande, come abbiamo visto. Sappiamo inoltre, dall'analisi delle disposizioni del Concilio Tridentino, che essa è sicuramente anteriore al 1563, e, dalla nota XII, che essa è anche anteriore al 1503. Sappiamo ancora che nel 1480 ci fu un incendio in cui sopravvisse una statua e non un'ipotetica icona. Sappiamo infine che in questa data già da lungo tempo la Madonna di Santa Maria di Marino, sotto forma statuaria, era veneratissima dal popolo.

Non ci resta che concludere che la statua scampata miracolosamente all'incendio di quell'anno è proprio questa statua più piccola.

Se essa è quella scampata all'incendio, dobbiamo anche concludere che essa stessa è quella che da secoli veniva venerata in Cattedrale e portata ogni anno il 9 maggio al suo luogo di origine, Marino di Vieste [xvi].

Non faremo sicuramente l'errore ingenuo di dire che essa è la stessa immagine trovata dai contadini di Vieste e di Peschici sul lido di Scialmarino. Per questo abbiamo ipotizzato una terza figurazione precedente, un'icona tardo romana, raffigurante, su tavola, l'Annunciazione.

Non sappiamo se all'epoca in cui fu scolpita la statua piccola quest'ipotetica ma inevitabile icona esistesse ancora, ma è molto probabile.

Cominciamo col dire, sempre per ottenere una datazione precisa, non fondata soltanto sull'analisi del C14, che il culto dell'Annunciazione, in cui la Madonna è intenta a filare o a fare qualsiasi altra operazione connessa alla filatura, era molto comune nel Medioevo nell'area adriatica, ed ha una chiara derivazione greca. In tale rappresentazione iconografica Maria, che, tra l'altro, doveva sostituire, nell'immaginario collettivo dei pagani, la dea per eccellenza della Grecia, Pallade Athena, veniva, come questa, raffigurata nell'atto della filatura.

Non posso riprodurre tutte le figurazioni di quest'area in cui Maria Annunziata sta filando. Per tutte riprodurrò un'immagine che si trova geograficamente molto vicino a Vieste, che ci convincerà che questa mia ricostruzione è solida verità.

Nel Museo Nazionale di Manfredonia, posta in un angolo di un cortile, v'è una lastra di pietra scolpita che, in un riquadro a due comparti, raffigura, anche se in maniera rozza e quasi primitiva, la scena dell'Annunciazione (Fig.16).

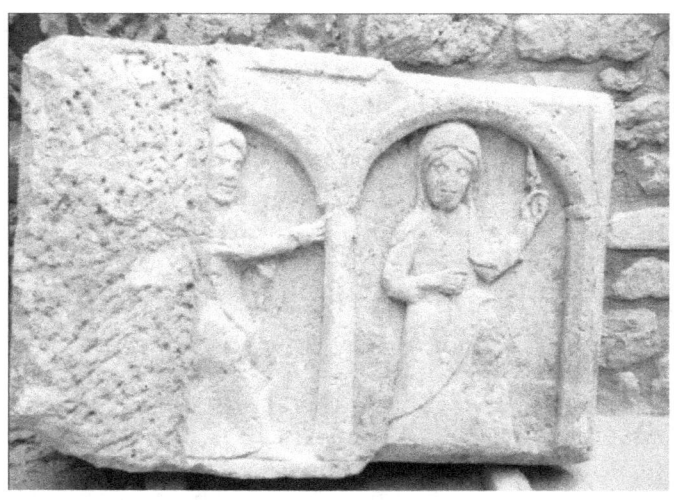

Fig. 16. Annunciazione. Manfredonia. Museo Nazionale. Ante 1223.

Siccome questa scultura è stata trovata negli scavi nell'area dell'antica Siponto, che, come sappiamo, è stata distrutta dal violentissimo terremoto-maremoto del 1223, inevitabilmente essa è anteriore a tale data.

Maria, in questa figurazione, diversa da quella di Vieste, ma a essa affine, ha nella mano sinistra la conocchia piena di lana grezza e con la mano destra sta tirando la lana dalla conocchia. Si fa prillare velocemente il fuso e si accompagna con le dita la lana verso il basso, così che si crea un filo compatto dai filamenti grezzi e sparsi della lana. Quando tale filo è tanto lungo che il fuso sta per toccar terra, si ferma il movimento di rotazione e si arrotola questo filo attorno al fuso. Si continua così fino a che il fuso non sia pieno zeppo di lana filata. A questo punto si inizia un nuovo processo. Si toglie uno dei volani ferma-fili da un lato del fuso e si lo si mette nella mano sinistra, srotolandone il filo con la destra coi movimenti che ho già descritto. Un po' questi gesti me li ricordavo, ma è stata soprattutto una donna del popolo più anziana di me che mi ha detto che cosa significasse veramente il gesto della madonnina.[xvii]

Vuol dire che da qualche parte, dove non sappiamo, c'era un prototipo bellissimo e maestoso cui tutti facevano riferimento.

A Vieste, dicevamo, quasi ogni casa ha un'immagine della nostra Madonna di Santa Maria.

Oltre alla statua in discussione, altre tre hanno attirato la mia attenzione.

La prima è un dipinto su tavola di noce, originariamente in possesso di un contadino nei pressi di Scialmarino, ed ora nelle mani di un forestiero, che, portandosela con sé, dovunque egli sia, l'ha forse sottratta per sempre alla nostra storia (Fig. 17). La seconda (Fig. 18) è una litografia posta all'inizio di un volumetto manoscritto rilegato del Settecento, che era conservato negli archivi comunali e che ora è in mano ad un privato cittadino. La terza (Fig. 18 bis) è una statuetta di alabastro acefala, anche questa in possesso di un privato che l'ha trovata in un casolare di campagna abbondonato.

Dispongo le immagini prima separate e poi affiancate, in modo tale che i numerosi confronti che farò fra loro siano più chiare ed evidenti, direi alla semplice vista.

Per quanto riguarda la tavola della figura 17, il proprietario affermava di averla fatta restaurare a Firenze. I restauratori gli avevano assicurato che essa era molto antica, forse addirittura del XII secolo. Molto probabilmente, per essere eufemistici, ha gonfiato la cosa, e i tecnici si sono limitati ad affermare che era piuttosto antica.

Prima di passare all'enumerazione abbondante e convincente degli elementi che dimostrano che la statua originaria era la piccola, faccio notare che la Madonna del dipinto su tavola sembra avere attorno a sé come una specie di alone di luce che la circonda. Vogliamo ipotizzare che è l'indicazione che l'Annunziata di Marino era, come il roveto ardente di Mosè, passata indenne tra le fiamme di un incendio? Se così fosse sarebbe sicuramente posteriore al 1480.

La cosa interessante da notare, per quanto riguarda la litografia è che essa è sicuramente databile agli inizi del Settecento[xviii]. Rappresenta l'emblema della Congrega del SS. Rosario e di Santa Maria di Merino (sic) (l'equivoco Merino – Marino[xix] comincia, come vediamo, proprio in quest'epoca). I fogli che questo volume raccoglie contengono gli ultimi dati contabili della suddetta congrega prima che venisse sciolta, almeno come istituzione di mutuo soccorso finanziario, come tutte le altre, dalle disposizioni napoleoniche e murattiane. Vuol dire che in epoca storica molto vicina a noi, quando sicuramente la madonna grande esisteva già e la processione si effettuava col simulacro grande, come oggi, l'affetto del popolo era ancora rivolto piuttosto alla statua piccola che non alla grande.

La terza immagine è una statuetta di alabastro acefala. Rappresenta sicuramente l'Annunziata di Vieste ed è rapportabile alla litografia precedente. Difatti le abbondanti pieghe del suo mantello e della sua veste sono cesellate con cura con dei fiorellini, identici appunto a quelli della suddetta litografia. Quest'immagine la riporto soltanto per documentazione storica, ma non è presa da me in considerazione per il paragone con la grande, perché manca di molti elementi essenziali.

Procediamo con gli elementi di paragone e di differenziazione tra la grande e le altre tre figurazioni.

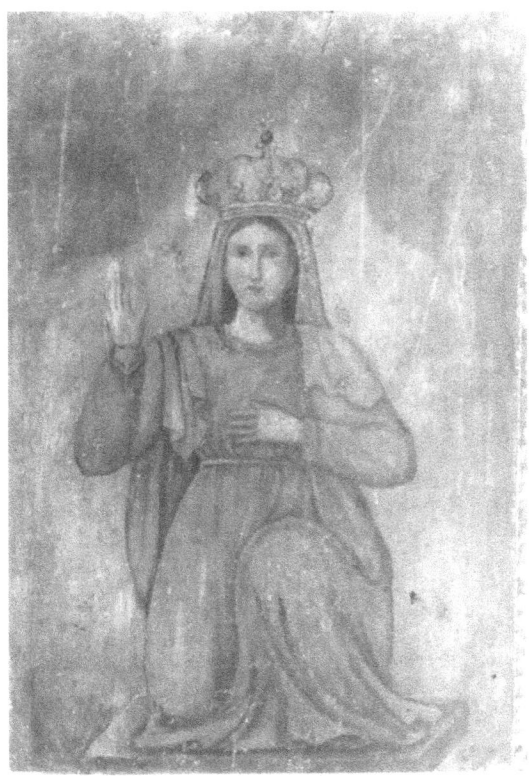

Fig. 17. Pittura su tavola. Vieste. Collezione privata. Post 1480.

- L'avambraccio destro scende nella piccola e nelle due immagini che stiamo esaminando verso il corpo e di qui poi sale verso l'alto. Nella grande invece l'avambraccio segue la linea della spalla ed è ben distante dal busto.

- La grande ha tre tipi di vestimenti: il velo sul capo, il mantello sulle spalle e la veste. La piccola e queste altre due immagini hanno solo la veste e il mantello

- La parte posteriore destra del mantello che scende dal capo cade dietro la spalla nella piccola e nelle sue riproduzioni, davanti invece, sotto forma di velo, nella grande.

- Nella piccola e nelle altre due si vedono le orecchie, mentre nella grande esse sono completamente coperte.

- Il collo della veste, mentre nella grande è continuo, nelle altre tre figure è ondulato sulla pelle, con un filo continuo a rilievo leggero che lo accompagna tutt'attorno.

- Il lembo superiore del mantello che scende dalla spalla destra, nella grande è coperto dal velo e scende fin quasi a toccare l'attacco della gamba al tronco, con poche pieghe rotondeggianti, nelle altre tre, prima di tutto manca il velo, poi le pieghe sono più armoniose e termina a punta, ben staccato dalla gamba.

- La cintura corre, nella grande, sotto il petto, nelle altre tre attorno alla vita.

- Il ginocchio destro è poggiato a terra dritto nelle tre simili e divaricato nella grande.

- La mano sinistra è posta direttamente sul seno sinistro nella grande, mentre nelle altre si allunga verso il lato opposto. Nel tutto tondo della statua è decisamente staccato dal corpo, nelle figure piane si indovina la stessa cosa.

- La bocca nella grande è aperta, intravedendosi i denti. Le altre tre l'hanno chiusa.

- Nella grande non c'è alcun accenno di un sorriso, che è invece evidente nella altre.

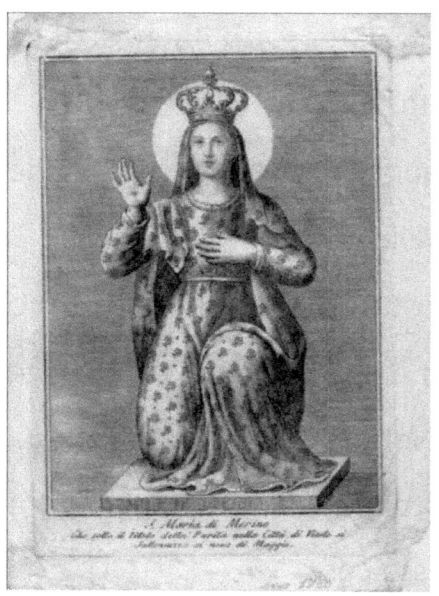

Figura18. Vieste. Frontespizio della Nobil Cappella di S. Maria di Merino. Collezione Privata. 1730.

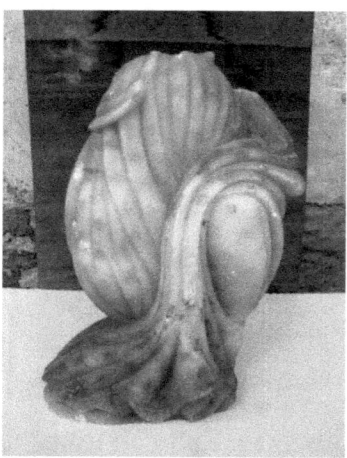

Fig. 18 bis Statua di alabastro acefala. Vieste. Collezione privata.

Devo ricordare, per tirare le somme da questo accurato paragone, che la statua piccola, quando fu restaurata da Losorgiu nel 1982, era rivestita da una serie di dipinture sovrapposte secolari, di cui l'ultima, la più orribile, era quella eseguita da mio nonno, uno strato di vernice dorata. Il restauratore, saggiamente, anche se avrebbe dovuto stendere un'opportuna relazione, ha conservato solo la vernice primaria originale. Tra le altre dipinture ci doveva essere sicuramente quella a fiorellini dell'acquaforte del 1730.

Da questo confronto risulta evidente la differenza sostanziale tra la statua grande e le altre tre, e risulta anche evidente che l'immagine che s'intendeva riprodurre nei santini e nelle statue devozionali popolari era la piccola e non la grande. Quindi la più antica, potremmo dire l'originale, è la statua lignea piccola. Facendo un ulteriore confronto questa statua e le altre immagini che da essa dipendono, possiamo desumere che quella più antica fra esse è il dipinto su tavola, che

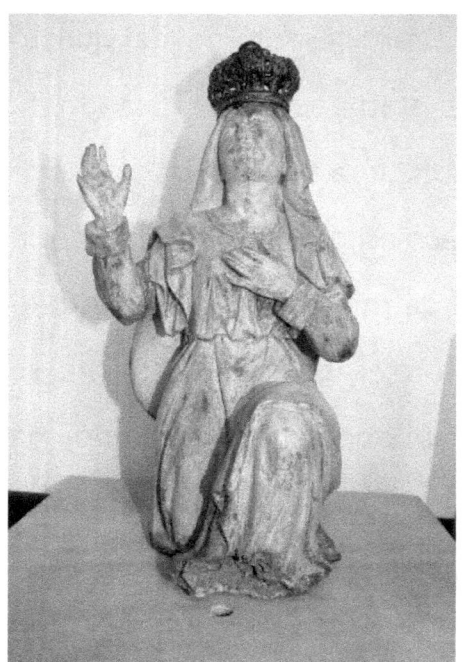

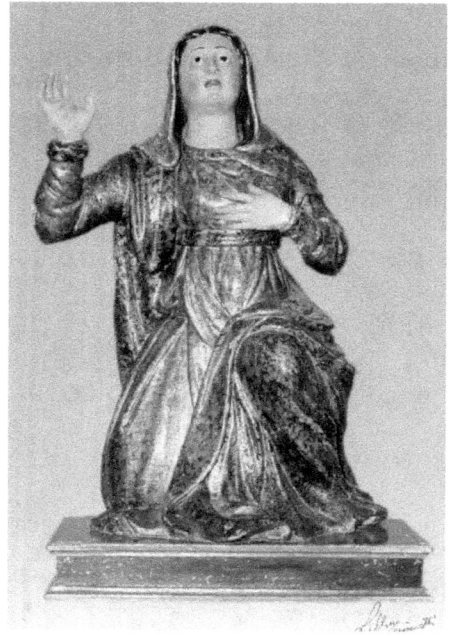

Figure già riportate.

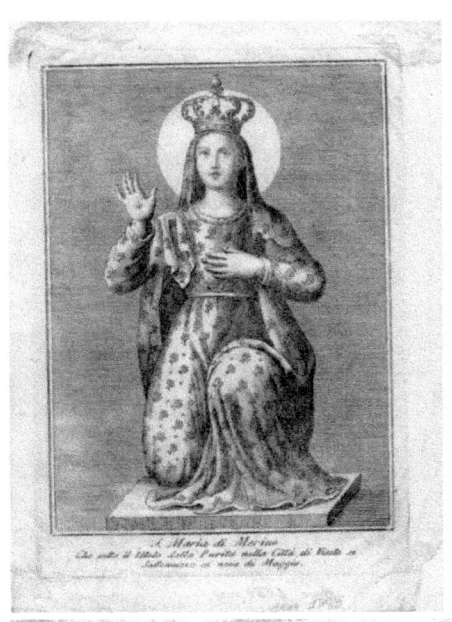

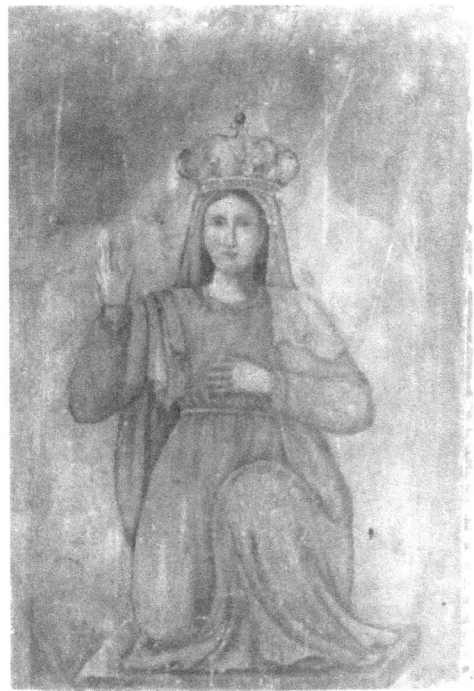

Figure già ripotate.

75

riporta i colori della statua com'è oggi, dopo il suo ultimo restauro. Le altre due sono successive e riportano la decorazione che doveva avere la stessa madonnina nel corso del Settecento.

Oltre a queste immagini che ci parlano con estrema chiarezza, pur non essendo documenti nel senso classico del termine, c'è però anche un'indicazione scritta esplicita, che ci rivela che nell'antichità il culto verso la tale Madonna Annunziata era espresso con la venerazione e, in taluni casi speciali, anche con la processione simultanea di entrambe le immagini.

Riporto un passo della *Cronica e memoria di Vieste* del canonico don Giuseppe Pisani, pubblicata a Vieste a cura del Centro di Cultura N. Cimaglia, nel quaderno n. 6, pag. 145.

Nell'anno 1696 si tenne a Vieste una solenne missione a cura dei Padri Gesuiti Domenico Mancino e Gaetano Catanio, venuti per l'occasione da Napoli. Dopo le consuete predicazioni e pubbliche manifestazioni di penitenza e di devozione, si effettuò una processione che attraversò tutto il paese, con

solenne partecipazione delle autorità, dei religiosi, dei preti e di tutto il popolo. Li religiosi andavano avanti, appresso li preti con una gran croce precedente, dopo gli figliuoli con alcuni huomini anziani che li guidavano; fra essi e li preti vi fu una statua della Beatissima Vergine piccola. Appresso gli figliuoli vi furono le figliuole con alcune donne anziane per istruttione, et appresso la statua della SS/ma Annunziata...

Non penso che si debba arzigogolare troppo, affermando, per esempio, che poteva trattarsi di una statua della madonna da bambina. Si tratta della stessa Madonna di Santa Maria di Marino, una volta chiamata Beatissima Vergine e l'altra col suo più chiaro nome di Annunziata.

A questo punto sento che dovrei fermarvi. Ho, alla fin fine, dimostrato quel che dovevo dimostrare: che cioè la statua più antica è la piccolina e non la grande. Ho anche dato un'indicazione precisa circa la datazione probabile in cui è stata scolpita la grande, tra il 1480 e il 1503, e chi l'abbia intagliata, Pietro e/o Giovanni Alamanno. È già abbastanza e potrei appagarmi.

Rimane però dentro di me un pungolo che mi spinge a chiedermi: quando è stata eseguita la piccola e da chi? So che è un'impresa ardua, al limite dell'impossibile. Se per la madonna grande non abbiamo trovato alcun documento certo e definitivo, ma solo validi indizi, quale speranza avremo di rintracciare documenti di tal tipo per un'immagine più antica?

La prima difficoltà è la mia stessa prova regina, quella che convince tutti, senza tentennamenti ulteriori, che la più antica fra le due è la piccola: la prova al radiocarbonio. Questa dice che non può essere anteriore al 1470, la stessa data che mi fu data dal primo professore di Storia dell'Arte che interpellai nel 1984 e da molti altri, tra cui, ultimo, il mio Professore di Storia dell'Arte Medioevale dell'Accademia di Belle Arti di Napoli, il Prof. Gerardo de Simone.

Io sono un teologo, uno storico e un filosofo (almeno sono laureato in queste tre discipline); di Storia dell'Arte solo ora comincio a capirne qualcosa. Dovrei perciò star zitto e lasciare a qualcuno più valente di me la risoluzione del problema. Sarebbe saggio. Sono stato abituato però, nella continua lettura *scientifica* della Bibbia, a usare l'ermeneutica; a chiedermi sempre: che significa questo preciso passo nel contesto generale? I documenti, tra l'altro, non sono soltanto quelli scritti. Anche una statua è un documento perché fatto da un uomo in un contesto temporale ben preciso, con una temperie storica e culturale non soltanto sua ma di un'intera epoca. Le mura della cattedrale, del paese, del castello, anch'esse sono dei documenti, che, ben interrogati, possono dare delle risposte. E poi documenti scritti anche questi ce ne sono; ed anche questi bisogna saperli leggere adeguatamente.

Così ci provo.

Tutto comincia sempre d'accapo col famoso incendio del 1480. L'incendio c'è stato, è sicuro. Non solo i dati storici e le leggende ce lo testimoniano, ma anche i segni che sono stati trovati evidenti nella sagrestia sulle mura annerite.

In tale data, dopo che i Turchi si sono ritirati, viene trovata miracolosamente intatta dal popolo trepidante una statua tra le rovine fumanti della propria Cattedrale. Questo popolo decide, col suo signore e col suo re, di farne una nuova immagine monumentale per rinsaldare la propria devozione secolare e magnificare l'evento miracoloso e lo scampato pericolo. Com'è possibile dunque che tale primitiva immagine statuaria, così amata, e già venerata da lunga pezza, sia solo di appena un decennio prima?

Gli storici dell'arte la vedono e dicono, a colpo d'occhio: è della seconda metà del Quattrocento, e nessun'altra considerazione li interessa. A me invece l'interrogativo rimane.

Il Prof. de Simone per esempio dice che essa è rapportabile agli scultori che hanno lavorato nell'arco di trionfo dei Castel Nuovo, quindi databile attorno a quegli anni.

In questo caso essa sarebbe stata intagliata appena un decennio prima dell'incendio dei Turchi e tutto collimerebbe.

Riflettiamoci però un po'. Questa statuina sarebbe stata fatta pochi anni prima dell'altra e entrambe, praticamente, dagli stessi scultori che operavano alla corte dei primi Aragonesi. Uno di questi sarebbe un gigante della storia dell'arte e l'altro un semplice, anche se valente, scultore. Uno ha un rapporto con la fede di tipo ottimistico e cattolicissimo, l'altro pessimistico, confinante con la mentalità protestante. È ipoteticamente possibile, ma di fatti assurdo. Chi ha fatto la seconda madonna, tra il 1480 e il 1503, non riusciva addirittura a capire quale fosse il significato del gesto delle mani della madonnina che stava copiando, oltre che la teologia che v'era sottesa. Queste sono le incongruenze che gli storici dell'arte non prendono in considerazione e che invece a me fanno molto pensare.

Quindi rimango testardo. Io vedo un nesso tra la ricostruzione della cattedrale operata dopo il terremoto del 1223 sotto Federico II, tra la sua nuova architettura gotica e l'esecuzione di questa statuina.

Ritorniamo alla Fig. 9. Non vi pare immediatamente che statua e nicchietta siano state fatte l'una per l'altra, come già abbiamo detto?

La nicchietta è rapportabile, nel suo stile, con la finestra della cappella laterale del Santo Rosario, che è sicuramente coeva alla ristrutturazione gotica del 1240. Anche la statua piccola perciò dev'essere dello stesso periodo[xx]. Il mio è una specie di rigore mentale stringente, tra il logico e l'emotivo, che apparentemente cozza contro l'evidenza visiva (scusate la voluta reiterazione, ma è efficace) che tale statuina non appare affatto gotica e tanto meno romanica.

Il ragionamento per comunicare ai lettori questa specie di mia convinzione apparentemente insensata è complesso.

Già sono passati oltre trent'anni dalla prima timida e, nel contempo, temeraria esposizione di quest'idea, e i capitoli che seguono li prendo per la maggior parte dagli articoli che ho pubblicato in una rivista non più esistente di Monte Sant'Angelo: Garganostudi, uno nel 1985 e l'altro nel 1997.

Il primo s'intitolava *La ristrutturazione della Cattedrale di Vieste dell'epoca di Federico II è opera di Nicola Pisano*. L'altro, l'ultimo di una lunga serie, *La statua di Santa Maria di Marino del 1240 è stata scolpita da Nicola Pisano*.

LA RISTRUTTURAZIONE DELLA CATTEDRALE DI VIESTE DELL'EPOCA DI FEDERICO II È OPERA DI NICOLA PISANO.

Per arrivare a un risultato abbastanza attendibile, non avendo documenti specifici e diretti, bisogna seguire due strade parallele, ma che si rispecchino l'una nell'altra.

La prima via è l'analisi diretta, *in corpore vivo,* diciamo così, dell'edificio: vederne le pietre, le strutture, le inclinazioni, le lesioni, i vari interventi, quasi in stratificazione, e da questo desumere, se possibile, una successione temporale o solo, almeno, di semplice diversificazione fra uno strato (intervento) e l'altro.

A quest'analisi deve affiancarsi il riferimento puntuale ai dati storici sicuri, verificabili da documenti autentici o da fonti degne di fede.

Cominciamo da quest'ultimi, elencati in successione, e che poi collegheremo con l'analisi del monumento.

1. Nel 1223 ci fu nell'intera Capitanata un violentissimo terremoto, seguito come spesso accade quando vicino c'è il mare, da un altrettanto devastante maremoto. Tale terremoto distrusse completamente Siponto. A Vieste non ci furono morti, ma molte case rimasero lesionate.[xxi]

2. Nel 1239 Federico II scrisse una lettera circolare, per le regioni che gli competono, ad Alessandro, figlio di Enrico, primogenito dell'Imperatore (che nel frattempo in quel periodo era prigioniero nel castello di Rocca San Felice a Venosa).

   In tale lettera, che conviene riportare per intero in latino, con la traduzione dei passi che a noi più interessano, si danno disposizioni circa la conduzione di alcune diocesi del Regno rimaste vacanti. Alla traduzione, ove necessario, si faranno seguire alcune annotazioni chiarificatrici, soprattutto per lo scopo che ci siamo prefissati. La prima annotazione, preliminare, riguarda l'anno e il luogo di emissione. È il 1239, negli accampamenti militari presso Milano. Siamo cioè in piena guerra contro le forze alleate del Papato, di Milano, Genova e Venezia. Possiamo quindi concludere che le disposizioni contenute in questa missiva abbiano il doppio scopo da dare un'amministrazione, quale che sia, alle diocesi e alle chiese conventali rimaste vacanti perché il Papa non aveva dato il suo consenso alla nomina dei successori, e di rastrellare quanto più denaro possibile da tali diocesi e monasteri, per le esigenze della guerra che Federico stava allora conducendo. Ecco dunque, in nota, il testo della Lettera[xxii].

L'imperatore scrive ai suoi segretari di Sicilia e dell'Apulia, disponendo che, se nelle loro regioni ci fosse qualche chiesa cattedrale o conventuale vacante, si provvedesse a nominare per ognuna di esse, due amministratori laici, per non permettere che queste chiese fossero prive dei loro pastori e che quindi non si prestasse il dovuto servizio al Salvatore. Inoltre gli stessi amministratori di cui sopra, (detti in latino *bajuli* che nei testi storici si traduce normalmente con "baili"), erano deputati alla gestione temporale di tali diocesi, affinché case, terreni e beni di tali diocesi, abbandonati a se stessi, non andassero in rovina. Di tale amministrazione questi due baili dovevano dare conto, tramite i segretari, direttamente all'imperatore. In modo particolare si disponeva, *che case e chiese vengano riparate, se vi sono case e chiese che siano assolutamente da riparare, tali cioè che, se non fossero riparate, ne conseguirebbe per questo un costo maggiore successivamente e minacciassero di crollare.* Tra le chiese cattedrali riportate c'è anche quella di Vieste: *Vestensi ecclesia.*

Le osservazioni da fare leggendo questa lettera sono molte e interessanti.

Prima di tutto tali disposizioni non valgono per tutte le diocesi del regno, ma solo per quelle vacanti. Da ciò ne consegue che Vieste in tale data era priva del proprio Vescovo titolare, e che quindi ne rimase priva per molto tempo ancora, per lo meno fino al 1243 quando fu eletto ad Anagni il successore di Gregorio IX, Innocenzo IV, e quasi sicuramente fin oltre il 1250, anno della morte dell'Imperatore, perché frattanto Innocenzo IV, invece di rappacificarsi con Federico, lo scomunicò nel Concilio di Lione del 1245.[xxiii]

I due baili, che sono sicuramente laici, a norma della Costituzione di Melfi del 1231 (I, 71), avevano giurisdizione amministrativa su tutta la diocesi e su tutti gli affari, civili ed anche ecclesiastici. Essi cioè dovevano in tutto e per tutto sostituire i vescovi, tranne ovviamente nelle funzioni liturgiche e sacramentali. Dovevano cioè ordinare ai vari sacerdoti presenti nelle varie diocesi di loro pertinenza di celebrare messe e amministrare i sacramenti nelle cattedrali e nelle chiese succedanee, *che si coltivino con i dovuti accorgimenti vigne e giardini, che si esercitino le attività artigianali, e che siano procurati tutti gli altri beni della chiesa con oculata diligenza.* E che vengano riparate, come già tradotto, chiese e case in procinto di crollare.

Quest'annotazione è per noi estremamente importante poiché la ristrutturazione da effettuare doveva essere legata a una precondizione assoluta, che gli edifici fossero sul punto di collassare, e che l'intervento doveva essere fatto "al risparmio", per così dire, aggiustando e non rifacendo, in poche parole.

Vedremo che proprio questo fu fatto per Vieste; e da questo tipo d'intervento ne deriveranno delle dissonanze architettoniche inevitabili.

3. Nel settembre del 1240, mentre Federico era intento, sempre nell'ambito della guerra in questione, all'assedio della munitissima Faenza, i Veneziani, alleati del Papa e di Milano, nell'intento di alleggerire l'assedio, inviarono una spedizione di navi contro le coste molisane e pugliesi. Le città prese e saccheggiate furono Termoli, Vasto, Campo Marino, Peschici, Maletta, Rodi e Vieste.[xxiv]

4. Il 31 maggio 1646, in piena notte, ci fu un violento terremoto in tutto il Gargano, probabilmente a causa della caduta di un meteorite. A Vieste ci furono numerosi morti. In particolare cadde un'intera ala del castello, proprio quella in cui era alloggiata la famiglia del castellano, e crollò la *pars tertia* della cattedrale, vale a dire tutta la facciata, il

campanile e il corpo stesso dell'edificio nel suo lato anteriore per circa un terzo della sua lunghezza.[xxv] Matteo Siena, uno stimato storico delle cose di Vieste, ha pubblicato un libro molto interessante per i nostri fini: *Il Convento dei Cappuccini di Vieste.* Qui, dalla pagina 135 fino alla 147, sono pubblicati tre documenti che relazionano tutti gli accadimenti di questo terremoto. A me interessano alcuni passaggi fondamentali, utili per la ricostruzione generale che sto facendo. Il passo più importante è a pag.142[xxvi] e ne riporto alcuni brani: *Cadde la Chiesa Cathedrale sopra la casa contigua del Vescovo, cioè primieramente la facciata grande della Cathedrale di travertino grossissimo, tirando seco le due cappelle della Madonna della città* (detta "di Marino", per inciso) *e delli Pantalei, caddero tutte con la fonte battesimale. Il campanile della Cathedrale cadè sopra l'altra parte della detta Cathedrale. Cadè la volta ch'è sopra il coro, come anco cadde la volta della Cappella Grande e rovinò il tetto sopra l'altar maggiore, le altre parti minacciavano rovina.*

5. In data imprecisata, probabilmente per opera di Mons. Giovanni Mastelloni, fu rifatta la facciata, crollata in seguito al terremoto del 1646, e allargate le tre finestre per lato che davano luce alle tre lunghe volte a crociera rettangolari gotiche della navata centrale.

6. Nel corso del 1700, per opera di Mons. Maruca e di Mons. Cimaglia, la chiesa assunse il definitivo assetto tra neo-classico e barocco mantenuto fino ai nostri giorni.

7. Il 30 marzo 1980 finiscono i primi interventi di restauro condotti dalla Sovrintendenza ai Monumenti di Bari, la relazione dei quali si può leggere in Ambrosi A., citato.

8. Nei primi anni novanta infine c'è stato il consolidamento delle colonne e del lato nord ad opera del Prof. Ing. Giambattista De Tommasi.

Nella mia analisi mi rifarò alle relazioni di questi tecnici, oltre che, come detto, all'osservazione diretta dell'edificio.

Non intendo fare la storia completa della cattedrale, ma solo di cercare d'individuare, eventualmente, il tipo di restauro che fu operato all'epoca di Federico II, secondo le norme della missiva citata.

Cominciamo dunque a entrare in chiesa dalla porta principale, orientata verso ovest.

La cosa che più risalta agli occhi è la diversità tra l'ala destra e quella sinistra dell'edificio.

A destra le colonne originarie sono ancora quasi perfettamente verticali (Fig. 19); dall'altra parte invece le colonne sono ("erano", prima degli ultimi restauri) inclinate verso settentrione e per di più abbassate, rispetto al livello originario, di un bel po'. (Fig. 20).

Secondo la relazione di A. Ambrosi i due fenomeni (l'inclinazione delle colonne e il loro sprofondamento) sono dovute a cause naturali che hanno operato in maniera costante nel tempo. La chiesa difatti è stata costruita sulle due parti laterali su fondamenta rocciose diverse. Sul lato meridionale la roccia è compatta e omogenea, su quello settentrionale la base rocciosa è granulosa, al punto che si potrebbe pensare (ma non lo è) a un riempimento artificiale da parte dei costruttori per ottenere il livellamento basale dell'edificio originario.

Questa differenza ha causato, secondo l'Ambrosi, il lento scivolamento dell'edificio sul lato settentrionale, con il conseguente abbassamento delle colonne, l'inclinazione delle stesse e del muro perimetrale. Questo scivolamento è stato contrastato in parte dalle navate laterali e dalla scalinata poste nello stesso lato, che è la parte romanica meglio conservata.

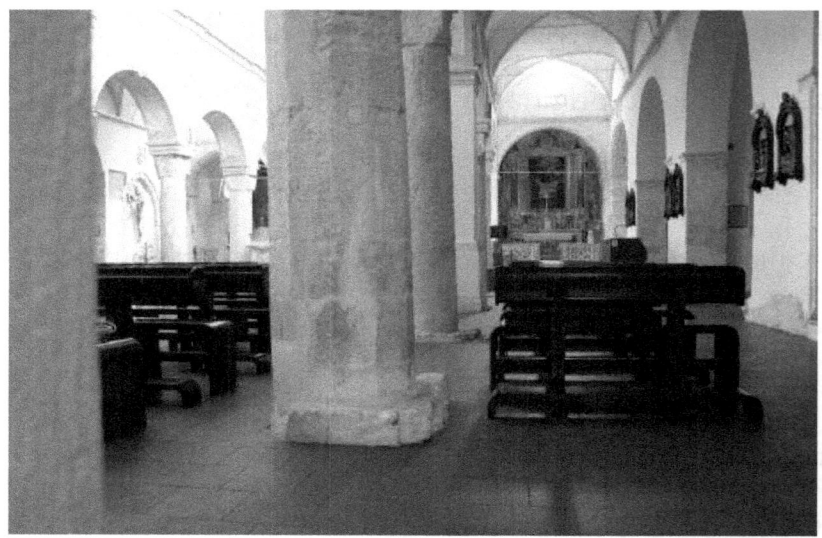

Figura 19. Vieste. Cattedrale. Basi delle colonne lato sud.

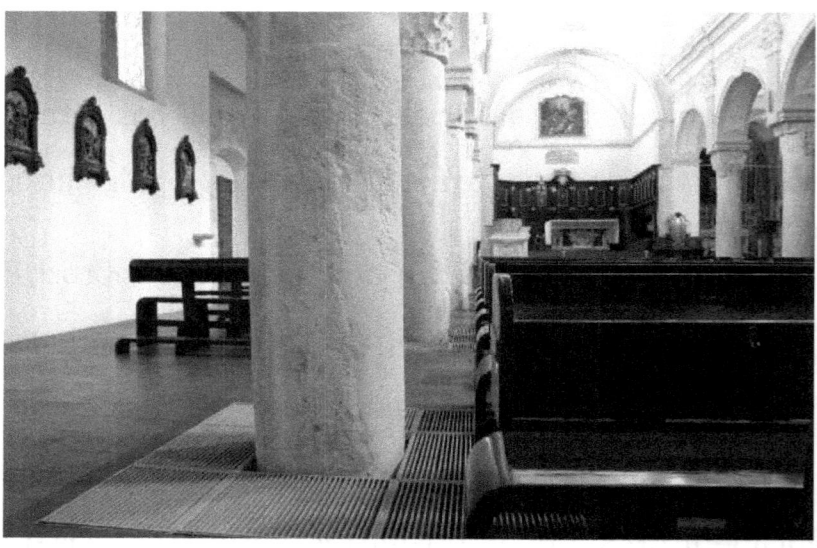

Fig. 20. Basi delle colonne lato nord.

Dopo i lavori eseguiti negli anni '70 del secolo scorso, a causa principalmente del terremoto del 23 novembre 1980, i fenomeni lesionativi delle mura e dello schiacciamento delle colonne sono ripresi in maniera vistosa.

Il Prof. Ing. Giambattista De Tommasi, in data 18/07/1990, invia al Soprintendente per i Beni AAAS della Puglia il computo metrico per le spese da sostenere per i nuovi lavori di consolidamento statico, allegando una relazione precedente del 18/11/1988. Tale relazione, a sua volta, rimanda alla relazione geotecnica redatta a cura del Prof. Ing. Giuseppe Spilotros e alla verifica sismica eseguita a cura dell'Ing. Luigi Nigro.

Tali lavori previsti sono poi di fatto stati eseguiti negli anni successivi.

Per stabilizzare, si spera il più a lungo possibile, magari per sempre, questi difetti strutturali, prima di tutto sono state poste delle catene sia in senso longitudinale sia trasversale lungo tutti i muri perimetrali e fra le colonne; si sono consolidate le murate, ove necessario. Il lato settentrionale è stato ancorato, tramite dei tiranti posti in senso trasversale, dal basso verso l'alto e da destra verso sinistra, aderenti al massiccio roccioso basale; tutte le colonne sono state svuotate, inserendovi dentro un'anima in acciaio *costituita da profilati metallici saldati e disposti a doppia T incrociata.*

Secondo la mia ipotesi invece, se mi posso permettere non di correggere ma di integrare, più che altro a livello storico, i risultati degli ingegneri, le cause sono di due ordini diversi: uno traumatico, i terremoti (del 1223, del 1646 e, ultimo quello del 1980), e l'altro strutturale e continuo nel tempo, le fondamenta inconsistenti, costituite[xxvii] *da brecce calcaree in matrice sabbiosa, di qualità scadente*, di questo lato.

Durante il terremoto violentissimo del 1223, tutto il lato settentrionale, presumo, s'inclinò vistosamente e cominciò il suo scivolamento. Ci furono nell'edificio anche crolli un po' dappertutto, anche se con precisione non possiamo sapere dove.

La struttura, in queste condizioni, doveva essere abbattuta.

L'architetto però che ebbe l'incarico di restaurala, secondo le normative dell'Imperatore del 1239, trovò delle soluzioni geniali.

Il lato pericolante e considerevolmente inclinato fu sostenuto da solidissimi barbacani a forma di cappelle laterali, le quali, come è evidente attraverso la figura 21 sono appunto di epoca gotica.

Le colonne, tutte, furono strette come in una morsa d'acciaio da una malta resistentissima e trasformate il solidissimi pilastri quadrati.[xxviii]

Tutto l'edificio fu reso stabile dotandolo di ampie volte a crociera, sia nella navata centrale, sia in quelle laterali.

Nell'insieme era una chiesa di tipo cistercense.[xxix]

Tale aspetto si mantenne inalterato per qualche secolo. Tale era durante l'incendio del 1480 e nel terremoto del 1646.

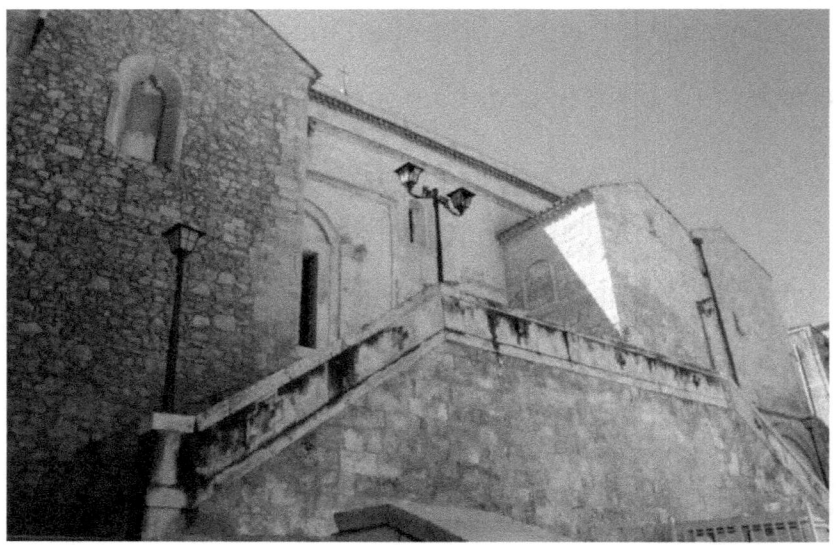

Fig. 21. Lato settentrionale della chiesa, con le scale di accesso.

Mons. Mastelloni, come abbiamo detto, rifece la facciata centrale crollata durante quest'ultimo terremoto, e i due Vescovi citati del Settecento diedero all'edificio l'aspetto che sostanzialmente era quello fino agli settanta del secolo scorso, che è, con qualche antichità che appare, quello che vediamo noi oggi. In modo particolare, come dimostrerò con documenti successivi, Mons. Nicola Cimaglia, per ragioni statiche e soprattutto estetiche, abbatté le volte centrali dell'epoca gotica, e rifece in questa zona le volte a capriate, come era in origine.

Fino ad oggi però tutti, compresi gli architetti e gli ingegneri che vi hanno lavorato, sono convinti che la chiesa è stata di tipo romanico fino all'intervento dei due vescovi citati del Settecento.

Io invece sostengo che le volte delle cappelle laterali, ancora esistenti, siano state costruite nel XIII secolo, insieme con le volte, esse pure a crociera, ora non più esistenti, della navata centrale.

Esaminiamo con attenzione la Fig. 22.

Si vedono chiaramente le sei finestre settecentesche e le tre finestre, oggi murate, del Seicento. Le finestre originarie romaniche, poste almeno tre metri più in alto, sono scomparse, ma dovevano essere anch'esse sei per lato, come quelle del settecento, ovviamente molto più strette e finemente lavorate come l'unica finestra primitiva rimasta, visibile nella Fig. 21, che s'intravede nella parte centrale, dietro il lampione a doppio braccio.

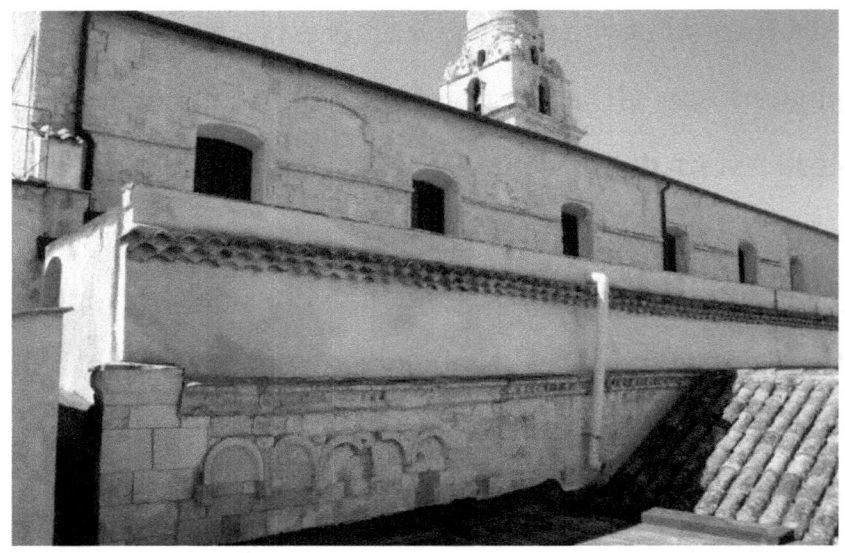

Fig. 22. Lato superiore settentrionale dell'edificio.

Essendo le colonne portanti sottostanti sette[xxx] e sei gli archi, e poiché le finestre di norma si aprono sugli archi e non sulle colonne, si avrebbe questo strano effetto a Vieste, che le tre finestre del Seicento verrebbero a essere sfalsate rispetto agli archi e aprirebbero la loro luce alternativamente proprio sulle colonne.

Assurdo! In nessuna chiesa avviene questo, sia per motivi di ordine estetico sia soprattutto per motivi statici. Non dimentichiamoci, nel caso nostro, che ci troviamo in un edificio percorso in tutte le sue parti da lesioni e pendenze.

L'unica spiegazione possibile ed attendibile rimane perciò ammettere che nel Seicento, subito dopo il terremoto del 1646, allorché furono aperte tali finestre, molto sgraziate ed approssimative, tra l'altro, già esistevano tre finestre nella navata centrale, ma un po' più strette di quelle ricavate nel Seicento e anch'esse di tipo gotico, come la finestra della cappella laterale in primo piano nella figura 21. Queste finestre erano solo tre perché tre erano le altissime volte a crociera rettangolari che coprivano la navata centrale, le quali, nell'intenzione dei costruttori del tredicesimo secolo, dovevano saldare tutte le mura, in alcune sue parti sbilenche, in un unicum continuo e solidissimo.

Tali volte centrali andavano, la prima, dalla facciata al terzo pilatro, la seconda dal terzo pilastro al quinto e la terza dal quinto pilastro fino all'abside. Le aperture delle finestre vengono dunque a porsi sulla seconda, quarta e sesta colonna, come effettivamente è in realtà.

Potremmo sempre pensare però, in linea di ipotesi, che queste finestre seicentesche, e magari le volte stesse, siano state costruite proprio nel Seicento.

Osserviamo però la Fig. 23, e lo schizzo della Fig. 25[xxxi].

Come si vede in maniera molto chiara, le finestre del Seicento poggiano su entrambi i lati sulla cornice laterale originaria, mentre le finestre del Settecento invece sono sfalsate, rispetto a questa cornice, sui due lati. Nel lato sud tali finestre settecentesche hanno la parte superiore quasi in linea con detta cornice e la parte inferiore poggiante proprio sulla sopraelevazione della navata laterale. Sul lato nord queste due parti sono più in alto rispetto a i due elementi originari citati, cioè la cornice e la parte superiore del tetto della navata laterale.

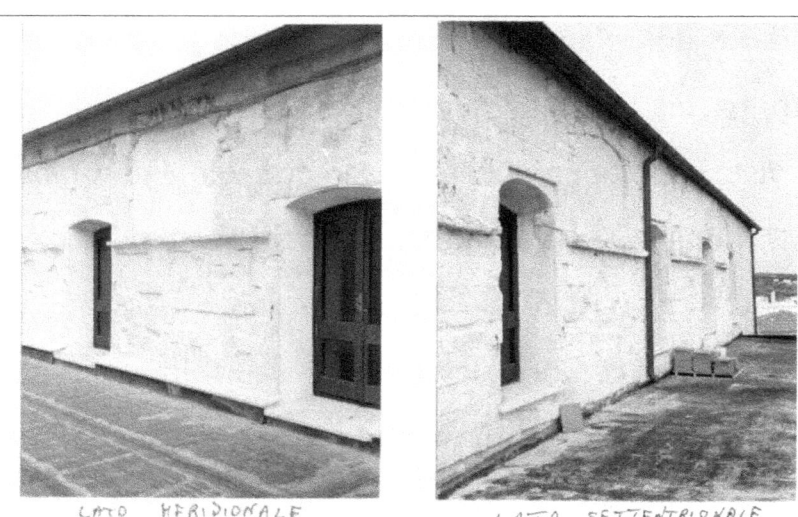

LATO MERIDIONALE   LATO SETTENTRIONALE

Figura23. Confronto fra i due lati superiori della navata centrale.

Ora, poiché le finestre del Settecento sono perfettamente allineate fra loro: sono cioè alla stessa altezza reciproca rispetto al pavimento e al tetto attuali, ne consegue che tutta la parte Nord, comprese le finestre del Seicento, la cornice laterale originaria e il tetto della navata corrispondente sono scivolate omogeneamente verso il basso.

La conclusione è dunque inequivocabile. Le finestre del Seicento, essendo più in basso, nella stessa misura degli elementi originari, rispetto al livellamento standard del piano orizzontale, furono di necessità costruite già sfalsate[xxxii], perché tutto l'edificio, già provvisto di volte fin dal Tredicesimo secolo, nel suo lato settentrionale era scivolato lentamente verso il basso durante i quattro secoli precedenti. Poiché lo scivolamento comprendeva anche la volta centrale, nessuna rettifica era possibile al tetto di questa navata. Per tale motivo tutto era asimmetrico. In modo particolare le tre finestre del lato nord erano più in basso delle corrispondenti del lato sud. Inoltre nella volta della navata centrale dovevano esserci delle crepe profonde, continue e praticamente irreparabili.

Tutto questo che sto dicendo alle prime sembra il frutto di un'intelligenza, magari brillante, ma fondamentalmente fantasiosa, anche perché non esperto nel campo specifico dell'architettura e dell'ingegneria.

Questo lo temevo anch'io, perché nessuno è immune da errori.

Però, finalmente, ho trovato delle carte, oltre a quelle già citate, riportate da Matteo Siena, che mi danno pienamente ragione.

Nel 1643, quindi prima del terremoto del 1646, Mons. Paolo Ciera, vescovo di Vieste, nella sua *relatio ad limina,* presentata alla Sacra Congregazione del Concilio in data 22 agosto, così succintamente descrive la Chiesa Cattedrale:

Dicta ecclesia habet tres naves, fornicibus rusticis columnis sustentatis distinctas.[xxxiii]

Il senso che l'Ambrosi[xxxiv], come tutti d'altro canto, dà a queste parole è che la chiesa ha tre navate poggianti su archi sostenuti da colonne molto semplici.

Il latino non si può tradurre a naso e senza conoscere il contesto in cui è stato scritto.

Fornix, fornicis si può tradurre sia con «arco» sia con «volta».

Columna è sia «colonna» sia «pilatro».

Rusticus è «rustico» ma anche «semplice», senza modanature o costoloni, quindi potremmo dire "squadrato". In un'altra accezione, tenendo presente che dal Rinascimento in poi lo stile successivo al romanico e antecedente a quello classico e neo-classico veniva dispregiatamene definito "gotico", cioè "barbarico", potremmo tradurre questo termine anche con una parola più appropriata, oggi molto giustamente rivalutato, con rozzo, cioè *gotico*

La traduzione precisa sarebbe quindi:

*La Suddetta chiesa (**Dicta ecclesia**) ha tre navate (**habet tres naves**), provviste (**distinctas**) di volte (**fornicibus**) sorrette (**sustentatis**) da pilastri (**columnis**) gotici (**rusticis**).*

Se questa testimonianza non bastasse, ritorniamo ad analizzare la struttura degli interventi posti in essere nella chiesa nei vari secoli.

Sempre nella relazione citata dell'Ambrosi si fa notare una stranezza: le volte della navata laterale meridionale sono molto più spesse di quelle della navata settentrionale.

Eppure il lato meridionale, che poggia sulla roccia, è solidissimo e basterebbe un sottile strato per coprila adeguatamente, come, all'opposto, occorrerebbe molto più materiale coprente nelle volte per sostenere le mura del lato settentrionale sbilanciate verso nord.

Per quale motivo questa soluzione assolutamente fuori logica?

Immaginiamo di essere noi gli addetti del Settecento che devono intervenire a rimediare agli ultimi danni del terremoto del 1646 e a tutti gli altri squilibri statici presenti nell'edificio.

Tetto, porte, finestre e pavimenti nuovi li dobbiamo tutti porre sulla stessa linea. Dato però che il lato nord è scivolato verso il basso con le volte preesistenti, avremo che la copertura interna visibile di tale lato è posta più in basso di quella del lato opposto, che, essendo rimasta immobile, si trova ora più in alto rispetto all'altra. La soluzione possibile che noi dovremmo operare, sarebbe o di lasciare questo disequilibrio ottico ed estetico, o di assottigliare le volte del lato nord, o di aggiungere materiale di rimpello dalla parte di sotto delle volte del lato sud, ristabilendo così l'altezza giusta delle coperture nei due lati.

La scelta ottimale è stata ovviamente l'ultima, giacché nessun architetto avrebbe mai assottigliato le volte del lato settentrionale, senza vedere con questo l'intero edificio crollare come un castello di carta in equilibrio precario.

Per rendere quasi visibile questo mio ragionamento mi servo dello schema della sezione trasversale della chiesa (Fig. 24), ulteriormente chiarificato dall'altro schema della Fig. 25, in cui con α sono indicate le finestre del Settecento e con β quelle del Seicento.

Si nota abbastanza chiaramente che tutti gli elementi del lato nord (finestre del Seicento, cornici laterali originarie, pilastri e coperture) sono scivolati direi omogeneamente[xxxv] verso il basso e che quindi le volte delle navate laterali erano preesistenti all'intervento di Mons. Cimaglia.

I miei sembrano solo indizi e non prove. E poi è mai possibile che schiere di tecnici non si siano accorti di una cosa che un profano come me vede così chiaramente?

La verità delle cose viene prima o poi a galla. Certo le mie potrebbero essere solo fantasie, anche se "dottamente" sostenute; specie perché in parte contraddicono le convinzioni di tanti illustri architetti e ingegneri[xxxvi].

Finalmente però, in mio soccorso, è venuto un altro documento chiarissimo, già conosciuto e tradotto, ma non perfettamente inteso, finora.

Nel libro dello Spedicato (vedi nota xxxiii) alcune *relationes ad limina* venivano solo riassunte e non riportate per intero.

Ho allora chiesto direttamente all'autore, rintracciato via internet, se potesse inviarvi i documenti originali.

Egli mi ha risposto con molta gentilezza e sollecitudine indicandomi il modo più sicuro per riceverli.

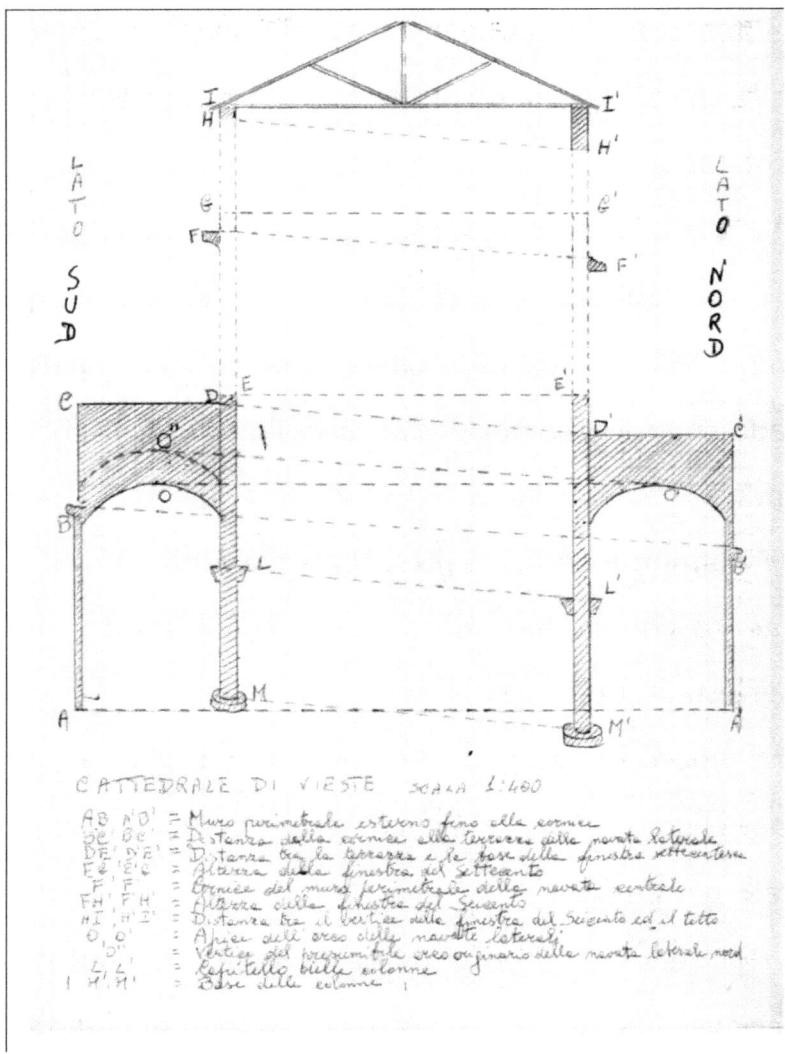

Figura 24. Sezione della chiesa, con in evidenza il dislivello fra i due lati.

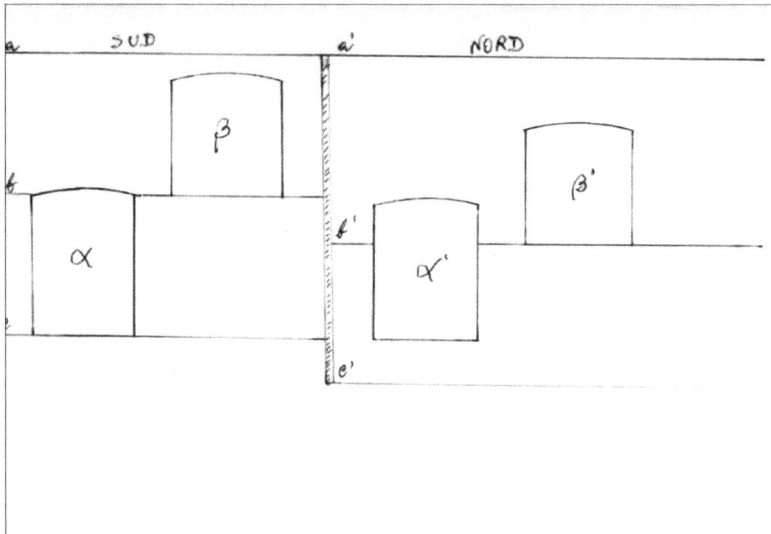

Fig. 25. Schizzo schematico del dislivello dei due lati, con le finestre del '700 allineate e quelle del '600 ribassate sul lato nord, insieme alla cornice originale medioevale e al tetto della navata laterale.

Così mi sono fatto spedire dall'Archivio Segreto Vaticano le due lettere che erano solo riassunte nel suo libro, in cui speravo ci fossero indicazioni precise sullo stato dei lavori nel Settecento.

Si tratta dei documenti contenuti in *Congr. Conc., Relat. Dioec. 867, ff.223r-229v* e *ff.234r-247v*, precisamente due *relationes* di Mons. Nicola Cimaglia, la prima scritta a Vieste il 9 settembre 1755 e presentata il 13 gennaio 1756 dal suo procuratore, il chierico Francesco Monaldi e l'altra sempre redatta a Vieste il 5 dicembre 1760 e anche questa presentata a Roma dal procuratore F. Monaldi il 15 febbraio 1761.   In quest'ultima relazione ho trovato finalmente la prova documentale che cercavo da tanto tempo. Il Cimaglia parla esplicitamente di *tectus vetus* e di *novum lacunar*. Occorre riportare ampi stralci in latino di questa lettera, molto importante per una conoscenza esatta della storia della nostra Cattedrale e del nostro paese. Per questo, anche per permettere ad altri storici approfondimenti su quest'epoca, in figura, la riporto per intero (dalla Fig. 27 alla Fig. 30).

Cominciamo a leggerla dalla pag. 234r, rigo 14. Ci riferisce che nel 1760 la popolazione di Vieste ammontava a 6500 persone, più 72 ecclesiastici secolari.

Quello che più ci interessa comincia al rigo 17 e continua fino alla fine di questa pagina.

Riporto prima il testo latino di questo brano e poi la mia traduzione.

...cum Ecclesia // Cathedralis multis egeret refectionibus, ac praesertim Navis majoris tectum vetu // state fatisceret, et cum veteri more elaboratum

esset; hoc est variis travibus quas // catenas Artifices vocant, fulcisum, horridum cernentibus secptaculum praeberet: // primo tutum ipsum novis tabulis, novis tegulis reddificandi curavi; deinde // novum lacunar, quod 130 pedes longitudinis, latitudinis vero 60 contineret, sub // sternendi mandavi, et ut Ecclesiae ornamento esset, ac decori, egregii Pictoris ope // ra depictum volui, qui tres insuper tabulas affabre depictas, coronisque auratis // exornatas adjcerit, quarum prima, quae maxima est, et lacunaris medium occupat, // Deiparae in coelum assumptae, cujus titulo Ecclesia condecoratur, Imaginem exhibet; // reliquis vero, quae ad extremas lacunaris partes sitae sunt, duos repraesentavit civi // tatis Patronos, ac Tutelares; Divum nempe Georgium, et Divum Michaelem Ar // changelum. Eodem tempore novi Organi, quod supra majorem Ecclesiae Portam // situm est, Orchestra; itemque sacrum Suggestum, depicta sunt, atque inaurata: // pro cujus operis perfectione scuta octigenta, et quinquaginta Neapolitanae monetae // insumpta sunt...

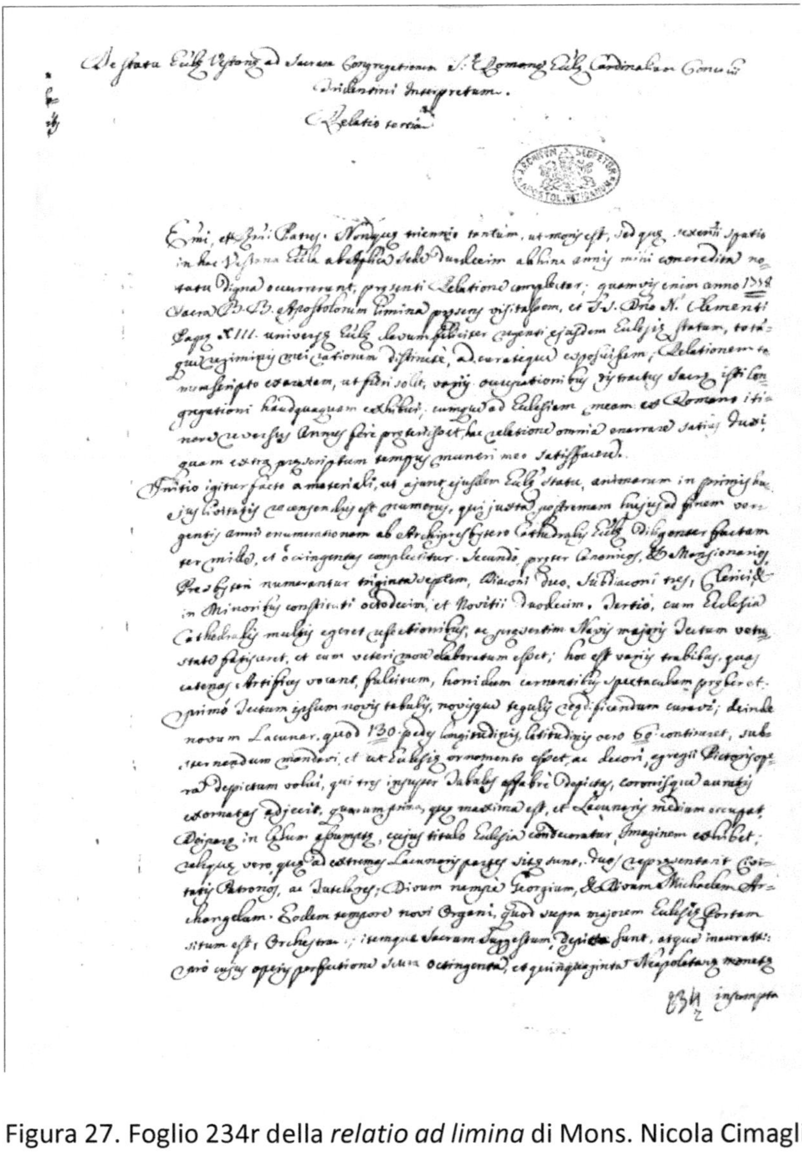

Figura 27. Foglio 234r della *relatio ad limina* di Mons. Nicola Cimaglia del 1756.

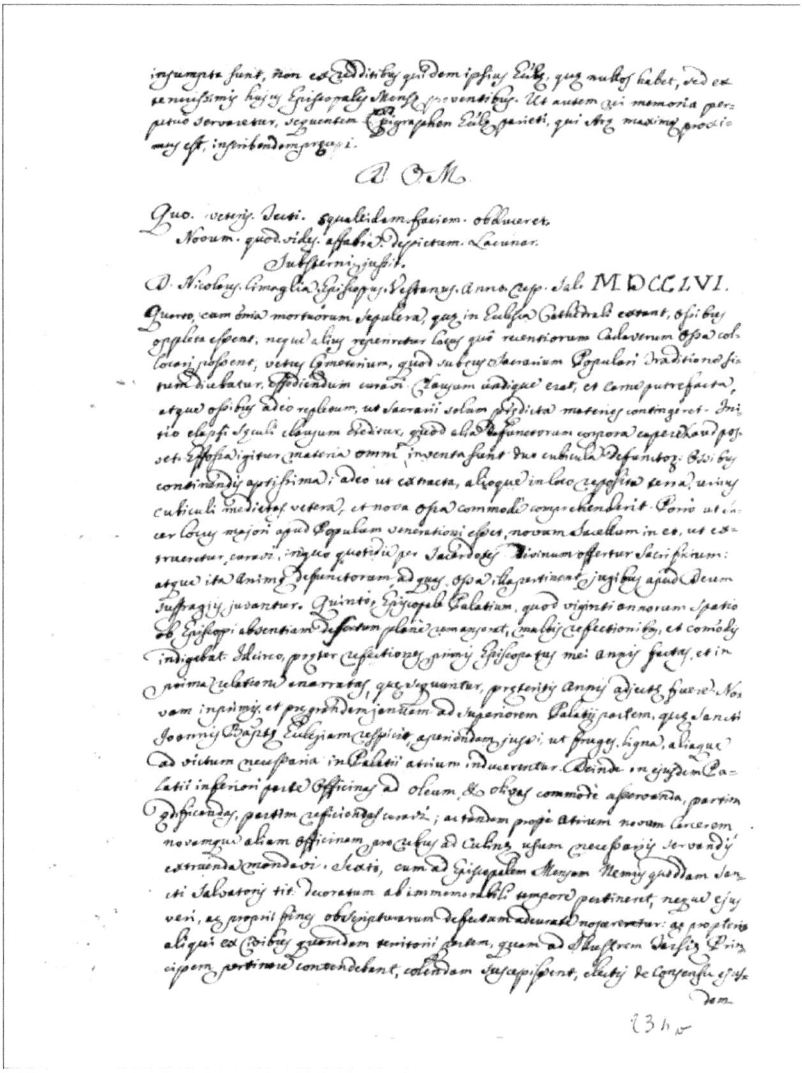

insumpte sunt, non ex redditibus quidem ipsius Eccl[esi]æ, quæ nullos habet, sed ex
tenuissimis hujus Episcopalis Mensæ proventibus. Ut autem rei memoria perpetuo servaretur, sequentem Epigraphen Eccl[esi]æ parieti, qui Aræ maximæ proxi-
mus est, inscribendam curavi.

D. O. M.

Quo. veteris. tecti. squalidam. faciem. obduceret.
Novum. quod. vides. affabre. depictum. Lacunar.
Substerni. jussit.
D. Nicolaus. Cimaglia. Episcopus. Vestanus. Anno. Rep. Sal. MDCCLVI.

Quarto, cum omnia mortuorum sepulcra, quæ in Ecclesia Cathedrali extant, ossibus
oppleta essent, neque alius reperiretur locus quo recentiorum Cadaverum ossa col-
locari possent, vetus Cæmeterium, quod sub ejus Sacrarium Populari traditione situm dicebatur, effodiendum curavi. Clausum undique erat, et carne putrefacta,
atque ossibus adeo repletum, ut Sacrarii solum prædicta materies contingeret. Initio elapsi sæculi clausum creditur, quod alia defunctorum corpora capere haud pos-
set. Effossa igitur materia omni, inventa sunt duo cubicula defunctorum ossibus
continendis aptissima; adeo ut extracta, aliquoque in loco reposita terra, unius
cubiculi medietas vetera, et nova ossa commode comprehenderit. Porro ut in-
ter locus majori apud Populum venerationi esset, novum Sacellum in eo, ut ex-
strueretur, curavi, in quo quotidie per Sacerdotes Divinum offertur Sacrificium:
atque ita Animæ defunctorum, ad quas ossa illa pertinent, jugibus apud Deum
suffragiis juvantur. Quinto, Episcopale Palatium, quod viginti annorum spatio
ob Episcopi absentiam desertum plane remanserat, multis refectionibus, et comodis
indigebat. Idcirco, præter refectiones primis Episcopatus mei annis factas, et in
prima relatione enarratas, quæ sequuntur, præteritis annis adjectæ fuere. Novam inprimis, et pergrandem januam ad superiorem Palatii partem, quæ Sancti
Joannis Baptistæ Ecclesiam respicit, aperiendam jussi, ut fruges, ligna, aliaque
ad victum necessaria in Palatii atrium inducerentur. Deinde in ejusdem Palatii inferiori parte Officinas ad oleum, & olivas commode asservanda, partim
ædificandas, partim reficiendas curavi; ac tandem prope atrium novum carcerem
novamque aliam officinam pro rebus ad Culinæ usum necessariis servandis
extruendam mandavi. Sexto, cum ad Episcopalem Mensam Nemus quoddam Sancti Salvatoris tit. decoratum ab immemorabili tempore pertineret, neque ejus
veri, ac proprii fines ob scripturarum defectum accurate noscerentur: ac propterea
aliqui ex Civibus quamdam territorii partem, quam ad Illustrem Sarsiæ Prin-
cipem pertinere contendebant, colendam suscepissent, electis de consensu ejusdem

234v

Figura 28. Foglio 234v.

eiusdem Principis indigenis, atque exteris Vespani territorii vini genesi, eiusq.
Prædii statui finesque sunt, ac factis Lapidei tituli, ut in posterum nulla unius exci-
tari possit controversia. Postremo, in alio eiusdem Mense Prædio, quod vulgo nun-
cupatur Lago di Chiaro, in quo fruges virentur, et plurimæ olivarum arbores
cernuntur, veterem Cisternam, quæ nulli jamdudum usui erat, Cisternam con-
curavi, ut Coloni et aratorii boves necessariam haberent Aquam, næ ea
elonginquo, ut prius solebant, Agricolæ vexerentur. Atque hæc materialem
Ædis hujus statum respiciunt. Nunc quæ formalem spectant breviter exponam.
Ac proin eiusdem Duæ totius civitatis, ac Diæcesis visitationes perfeci; primam sci-
licet anno 1566, et alteram 1568, in quibus varia edi Sancta ad Cleri,
Populique reformationem, et ad Ecclesiarum cultum, atque nitorem, maxime
necessaria, quæ presentis temporibus executioni demanda fuisse Canonici
pro eorundem exacta observantia a me deputati retulere. Secundo, per Apo-
stolos Missionarios ex nova Presbyterorum Sæcularium Congregatione, cui
a Sanctissimo Sacramento nomen est, Lucena accitos, quindecim diebus divinum
verbum Populo prædicatum est maxime cum Animarum profectu. Tertio,
novam Congregationem Doctrinæ Christianæ ex Presbyteris, et Clericis in Sa-
cris constitutis conflatam instituti, ut pueri Christianæ fidei rudimenta,
et provectiores quæ ad Sacramentalem Confessionem, et Sacrosanctæ Eucha-
ristiæ Communionem, pie ac devote peragendes scitu necessaria sunt, sedulo
docerentur. Dendem Sancti Simeonis Ecclesiam, in qua Presbyterorum Congregatio morti proximis assistendam hujus sæculi initio erecta est, et maxime cum Animarum fructibus adhuc viget, ad Populi devotionem augendam
ipsi usque Ecclesiæ majorem celebritatem die vigesima octava Mense Maji
anni 1568 solemni ritu Dedicavi, ac consecravi. Eodem Mense Alta-
re Divi Michaelis Archangeli in illa Cathedrali situm, quod pollet eo
privilegio a Felici mem. Gregorio Papa XIII, olim hujus Ecclesiæ dotatum fuit,
quodque a meæ familiæ Prædecessoribus meis conditum fuit, solemni poni-
ter rite consecravi. Ecclesiam item Sancti Ieronimi Bruplis, in qua erecta jam
olim fuit Congregatio Clericorum, et Laicorum sub titulo suffragii, et etiamnum
viget, die vigesima quarta Mense Iunii Ubeatis anni solemni pompa, ac maximo
Populi concursu consecravi. Confirmationis Sacramentum quatuor milia Sacer-
dotibus die solemniter Populo ministravi. Cætera, quæ ad formulam hujus Ecclesiæ statum attinet, in sequentibus Relationibus exposita habes. Cum

235 ergo

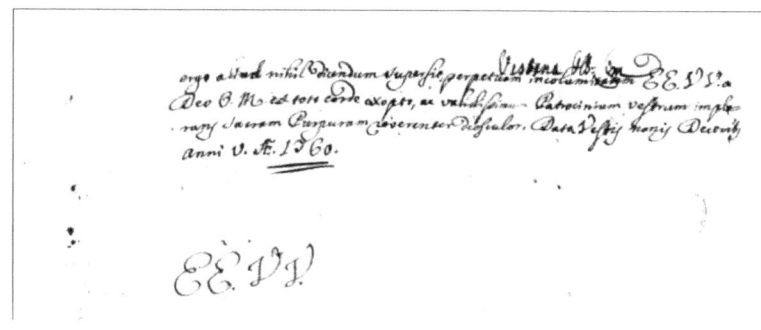

Figura 30. Foglio 235v.

[TRADUZIONE]...*poiché la Chiesa Cattedrale necessitava di molti restauri, e soprattutto per il fatto che il vecchio tetto della navata maggiore era pieno di crepe ed era stato edificato alla vecchia maniera; con più esattezza poiché, per le numerose travature, che gli Architetti chiamano catene, mostrava a chi guardava in alto uno spettacolo orrido, essendo puntellato: per prima cosa mi preoccupai di rifarlo sicuro, con nuove tavole e nuove tegole; successivamente ordinai di stendere sotto (queste tavole) un nuovo lacunare, che si estende per 130 piedi in lunghezza e 60 in larghezza, e, perché fosse di ornamento e decoro alla Chiesa, lo volli dipinto ad opera di un egregio Pittore, che appose su (questo lacunare) tre tavole magistralmente dipinte, attorniate di corone d'oro, delle quali la prima, che è la più grande, e occupa la parte centrale del lacunare, mostra l'immagine della Madre di Dio Assunta in cielo, al cui titolo la chiesa è dedicata; nelle altre due, che sono ai lati opposti di questo lacunare, ha rappresentato i due Patroni e Protettori della città, cioè San Giorgio e San Michele Arcangelo. Nello stesso tempo l'Orchestra del nuovo Organo, che è situato sulla Porta principale della Chiesa, e l'Ambone sacro sono stati dipinti e indorati: per portare a termine tutti questi interventi sono stati spesi complessivamente in tutto ottocento cinquanta scudi in moneta Napoletana...*

Credo che più chiaro di così il nostro Vescovo non poteva esprimersi: il vecchio tetto, costruito *alla maniera antica* cioè, essendo in quest'epoca in pieno neoclassicismo, *in stile gotico*, come ci esprimiamo, con più esattezza e senza disprezzo, noi, era talmente attraversato da crepe (questo è il significato esatto del verbo *fatiscere*) che, per non farlo crollare, gli Architetti (per lo meno i Mastri Muratori dell'epoca) lo avevano puntellato (questo è il significato esatto dell'altro verbo *fulcire* da cui l'aggettivo *fulcisum* del testo) con delle catene di legno, molto elaborate e davvero molto brutte da vedere (Fig. 31).

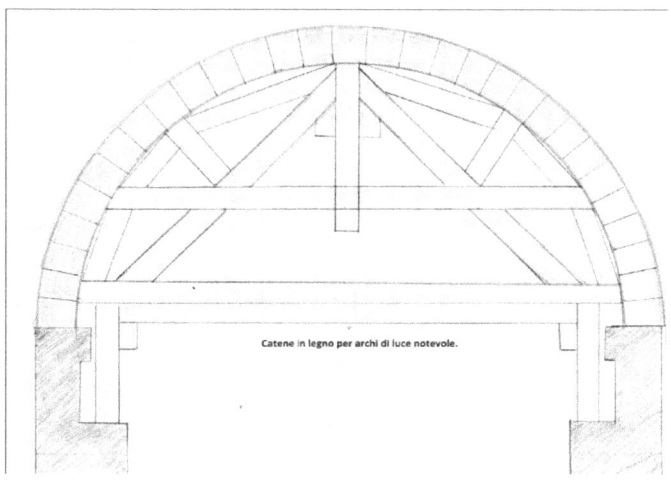

Catene in legno per archi di luce notevole.

Figura31. Catene in legno di un arco o di una volta.

Al posto di questo tetto così malamente puntellato il Vescovo mise una copertura a capriate, ripristinando la sua forma primitiva, e sotto questa stese un lacunare, cioè un rivestimento continuo di travi dipinte, arricchite nella sua parte centrale dai tre dipinti descritti e che sono ancora quelli attuali.

Il pittore, chiamato *egregio*, a mio modesto parere, non può essere altri che il viestano Giuseppe

Tomajuoli[xxxvii], che già qualche anno prima aveva dipinto la Trinità di Vieste nell'omonima cappella.

Per concludere annoto che per secoli, vescovi e parroci si sono lamentati che in chiesa addirittura piovesse durante i temporali.

Se il tetto fosse stato a capriata, per quanto alta e disastrata fosse stata tale copertura, non ci voleva poi molto a ripararla. Invece, proprio perché il tetto era a volta, e lesionato in maniera grave, tali danni erano praticamente irreparabili, ma solo puntellabili, con le catene descritte e riportate schematicamente nella figura 31, fino a quando il Vescovo Mons. Nicola Cimaglia non decise di eliminarlo definitivamente.

Studiamoci ora un po' il prospetto laterale della chiesa così come doveva essere, secondo la mia ipotetica ricostruzione, nei vari stadi della sua secolare storia architettonica (Fig. 32) [xxxviii].

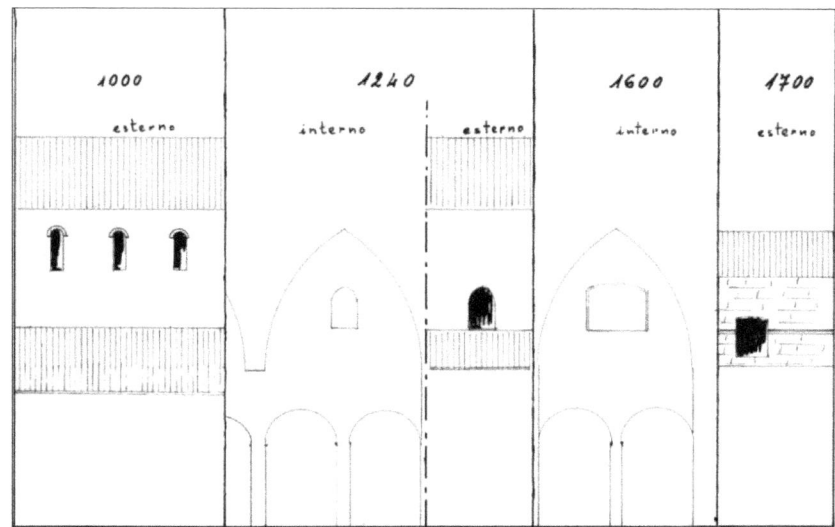

Figura 32. Prospettiva laterale di come doveva apparire la chiesa nei vari interventi successivi nei secoli.

Nella sua fase originaria, dall'anno 1000 circa in poi, essa era, come si esprime l'Ambrosi, più che una chiesa di stile romanico-pugliese, un specie di *aula nordica*, con la navata centrale notevolmente più alta rispetto a quelle laterali, almeno di altri tre metri, rispetto all'altezza attuale, con copertura a capriate e sei finestre sottili lungo le due facce della navata centrale, identiche all'unica originale superstite.

Nel 1240 la chiesa fu trasformata in un edificio a volte gotiche, tre nella navata centrale, rettangolari, e sei per lato, quadrate, nelle navate laterali. L'altezza dell'edificio rimase uguale e le finestre strombate e sottili originarie murate, aprendosi in loro vece più in basso, all'altezza dell'imposta delle volte centrali, tre finestre gotiche uguali a quella della cappella laterale dov'è ora la congrega del Santo Rosario (Fig. 21).

Dopo il terremoto del 1646, la chiesa fu ristrutturata alla meglio. Si rifece la facciata in maniera spartana. Le tre finestre gotiche preesistenti, furono ampliate per far entrare più luce, e tutto il resto fu lasciato com'era.

Nel Settecento le volte della navata centrale furono demolite, murate le finestre del Seicento e aperte, facendo breccia nelle mura originarie, le sei attuali, ancora perfettamente in situ.

Veramente geniale fu dunque il primo restauratore della Cattedrale di Vieste dell'epoca federiciana, che con pochi tratti e relativa poca spesa, salvando come uno scheletro spezzato l'antica quasi irreparabile chiesa ottoniana, fece un nuovo tempio, omogeneo nella sua architettura gotica, saldo nelle sue strutture di spinte e controspinte e stabile con i suoi solidissimi pilastri ottenuti con la rincocciatura operatavi.

Per tentare, ove fosse possibile, di sapere chi fu a operare tale ingegnoso intervento riprendiamo e ricordiamo la missiva di Federico II del 1239.

Ricordiamo ancora che nel 1223 ci fu un violentissimo terremoto che danneggiò seriamente Vieste e che nel 1240 ci fu un'occupazione e un saccheggio di Vieste da parte dei Veneziani.

Si ha per tradizione che Federico II si portasse di persona a Vieste e la facesse riedificare *facendola premunire di regia fortezza...egli fece ancora erigere la Cattedrale Chiesa...*[xxxix]

Segni di questa presenza massiccia di un intervento nell'epoca di Federico II a Vieste ce ne sono molte, a cominciare dalla cattedrale, da noi individuata come gotica, cistercense, per passare alle porte (tutte) del paese, anch'esse originariamente *gotiche* o *moresche*, come meglio ci aggrada. Sicuramente sono dello stesso tipo di quelli all'interno della chiesa. (Cfr. Fig. 6, Fig. 33, Fig. 34).

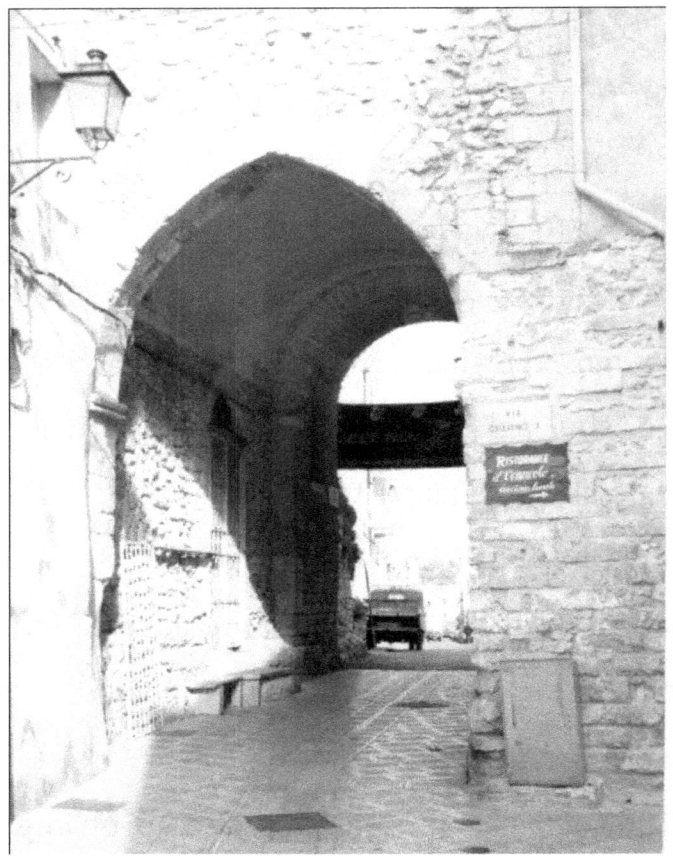

Fig. 33. Porta originaria principale di Vieste.

Si può ragionevolmente concludere che gli anni dell'intervento su questo edificio furono quelli immediatamente successivi al 1240, anni di pace e di sistemazione interna del regno.

Tutto, a Vieste, allora, fu fatto *ad litteram* secondo la missiva citata. Propriamente una chiesa in tale miserevole stato, danneggiata in pochi anni per ben due volte, doveva essere demolita e rifatta daccapo.

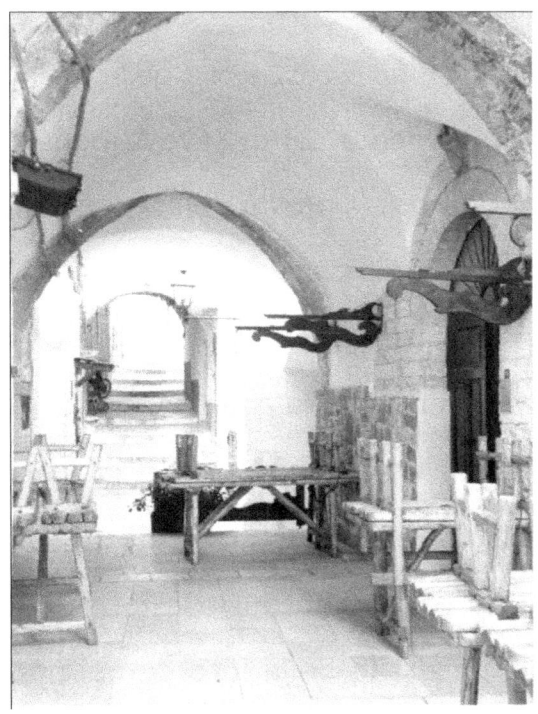

Fig. 34 Porta di Via Celestino V.

Un architetto ingegnoso però, con una spesa relativamente non eccessiva, rifacendosi a quanto in quegli stessi anni accadeva in Francia nella costruzione di Notre Dame de Paris, appoggiò a queste mura pericolanti delle cappelle laterali in funzione di barbacani; ingabbiò le vecchie colonne, trasformandole in pilastri, e legò tutti i muri, integri e pericolanti, della chiesa in una struttura omogenea mediante l'introduzione delle volte a crociera nelle navate laterali e in quella centrale.

Così ristrutturato l'edificio resistette per secoli e noi oggi l'avremmo forse ancora come l'aveva pensato quell'uomo, se, a partire presumibilmente dal Cinquecento, non si fosse cominciato a scavare sotto le basi e nelle fondamenta stesse dell'edificio, e proprio nel suo lato più debole, ricavandone una galleria adibita per secoli a cimitero. Così, lentamente, tutta la parte settentrionale scivolò su se stessa trascinando nel suo movimento anche le volte centrali, lesionandole, portando alla fine alla necessità della loro demolizione nel Settecento, come abbiamo visto.

Da quest'analisi, se è corretta, si desume che l'inclinazione iniziale delle colonne e dei muri del lato settentrionale fu causata dal terremoto del 1223 e che invece lo scivolamento verso il basso avvenne lentamente e omogeneamente, proprio perché l'edificio, pur scivolando, resisteva, a motivo della sua struttura cistercense tutta legata in un gioco di pesi, spinte e controspinte.

Possiamo ora, con uno sforzo ulteriore, tentare di dare una paternità a questo geniale architetto che ha operato quest'originale ristrutturazione della nostra cattedrale nell'epoca federiciana?

Sembrerebbe assurdo, senza una qualsiasi epigrafe o documento al riguardo. Io però, con molto azzardo, ci proverò.

Mi sono letto tutto ciò che ho potuto reperire in bibliografia (tra cui la vita) di Nicola Pisano, il cui vero nome è Nicola di Pietro d'Apulia, scultore e architetto di fondamentale importanza per lo studio e lo sviluppo della storia dell'arte in Italia e in Europa. Tale artista è vissuto in Toscana tra il 1247 e il 1284, ma è di sicura origine apuliese.

Nell'accurata, anche se datata, biografia di Nicola Pisano scritta dalla Giusta Nicco Fasola nel 1941 si attribuisce definitivamente la costruzione della chiesa di Santa Trinita a Firenze proprio a lui.

Ho colto delle affinità che intercorrono fra quest'opera e la ristrutturazione federiciana operata a Vieste:

1. Entrambe hanno, per la prima volta in Italia, nel 1240-42 a Vieste, nel 1258 a Santa Trinita, la presenza delle cappelle laterali in funzione architettonica (o. c., pag. 178).

2. In entrambe v'è la presenza di volte a crociera, a pianta rettangolare nella navata maggiore e quadrata nelle minori, mentre di solito avviene il contrario (pag. 177).

3. In entrambe *...l'architetto...aveva saputo nascondere le irregolarità dell'area dove gli toccò lavorare* (pag. 178).

4. In entrambe *c'è l'effetto di gusto romanico...nel contrasto tra zone scabre di pietra rozza e zone lisce di pietra lavorata* (pag. 179), come si può vedere, a Vieste, nella cappella, assai ben

conservata del S. Rosario, nel suo lato esterno (Fig. 21).

5. In entrambe v'è l'uso di pilastri orizzontali aggiuntivi su una preesistente struttura muraria per sostenere le volte a crociera centrali. (Nota 320 della Nicco Fasola[xl] e la nostra Fig. 23, dove, tra le due finestre del Settecento, s'intravedono i fori dov'erano inseriti i pilastri orizzontali su cui si scaricava, dalla parte interna della chiesa, il peso delle costolature delle volte a crociera della navata centrale).

Queste straordinaria affinità stilistiche e costruttive, fra due opere eseguite in luoghi e tempi non propriamente vicini, non sono sicuramente casuali.

Nicola Pisano risulta ancora una volta legato e debitore verso la terra d'Apulia, all'epoca di Federico II.

Fu però forse a Vieste soltanto uno spettatore o un semplice manovale o un giovincello apprendista, o ancora uno dei tanti che comunitariamente, come si usava nel Medioevo, partecipava alla costruzione muraria e scultorea della chiesa?

Può essere e darsi.

E questo potrebbe bastare già da solo per dare grandezza e prestigio alla ristrutturazione fridericiana della nostra cattedrale.

Non credo però che sia sufficiente.

Nicola di Pietro d'Apulia, com'io reputo, invece, era di persona nel 1240-42 a Vieste, o come uno dei due baili inviati dall'Imperatore a reggere e ad amministrare la diocesi di Vieste, oppure come l'architetto chiamato da questi due baili a restaurare la chiesa rovinata e tutto il paese devastato dal terremoto e dai Veneziani.

C'è troppa fantasia creatrice a Vieste e troppa vena polemica anti centralismo ecclesiastico, ma non anti ecclesiale, per pensare semplicemente a un progetto casuale o collettivo.

Pensiamo all'epoca e alla circostanza. Ci troviamo di fonte a una chiesa che pare miracoloso essersi ancora mantenuta in piedi dopo il terremoto del 1223.

L'architetto, con semplici ed efficaci espedienti, la trasforma, senza demolirla, in una solida e robustissima struttura cistercense.

Geniale, fra l'altro, fu l'invenzione e l'introduzione delle cappelle laterali. Si pensi che la prima volta in senso assoluto in cui tali cappelle furono inventate è a Notre Dame de Paris tra il 1235 e il 1245, secondo M. Aubert, e secondo altri addirittura in epoca successiva, nella seconda metà del secolo[xli]. Ci troviamo di fronte cioè, tra Vieste e Parigi, a una contemporaneità assoluta che ci fa pensare o a una concomitanza casuale, dovuta a ragioni similari (l'introduzione nella chiesa delle congreghe laiche e la direzione dei lavori da parte dei Cistercensi), o a una dipendenza di Vieste da Parigi (come se Nicola fosse informato delle soluzioni architettoniche d'oltralpe) o, addirittura, e, date le circostanze contingenti di Vieste sarebbe molto più plausibile, a un primato europeo di Vieste rispetto a tutte le altre chiese dell'epoca.

Comunque sia avvenuto in realtà, c'è una priorità temporale sicura di Vieste rispetto a Santa Trinita di Firenze.

A Vieste queste cappelle laterali furono introdotte non per imitazione di quanto avveniva nell'Ile de France, ma per circostanze reali e per necessità concrete. Furono cioè inventate lì, sul posto, per una sorta di genialità inventiva.

Tutto l'edificio, sappiamo, era inclinato su quel lato, e per di più con le basi poggianti su un terreno non molto solido. L'architetto allora scava proprio su quel lato, raggiunge in profondità lo strato roccioso sottostante e ivi pone le fondamenta di quattro solidissimi barbacani a sostegno delle mura periferiche, gonfie e inclinate, e, aggiungendo le volte della navata laterale, riesce, attraverso queste, a contenere anche lo scivolamento e l'inclinazione del muro occidentale della navata centrale. Cinge le colonne di un solidissimo rimpello di malta e spezzoni di pietra e di rottami della chiesa lesionata dal terremoto del 1223, trasformandole in pilastri quadrati e robustissimi, Sovrappone infine su questa base così preparata della navata centrale tre volte a crociera rettangolari, il cui peso viene fatto scaricare su dei conci monolitici fissati da parte a parte nelle mura perimetrali centrali. Tali volte, oltre ad avere una funzione unificativa dell'intera struttura, fungono quindi anche da valida controspinta verso l'interno all'inclinazione verso l'esterno dell'edificio.[xlii]

Simili espedienti sarebbero bastati a riequilibrare staticamente il tutto.

Quell'uomo però, in una sorta di vis polemica e di volontà potremmo quasi dire anticipatrice del Concilio Vaticano II, vuole simboleggiare, attraverso le mura, una volontà di trasformazione radicale del concetto stesso di chiesa.

La chiesa di Cristo non è fatta solo dal Papa, dai Vescovi, dai preti, dai monaci, dai consacrati cioè, ma è tutto il popolo di Dio. Anche i laici devono partecipare, dall'interno, al buon funzionamento e all'edificazione del Corpo visibile di Cristo.

Ecco allora l'introduzione delle cappelle laterali.

Ora la chiesa, anche intesa come semplice edificio, non è più una struttura orizzontale che dall'ingresso tende come suo vertice verso il presbiterio, magari sopraelevato e separato, dando così l'idea di un popolo rappresentato presso Dio dai *sacerdoti* o *pontefici*, ma è un corpo articolato e complesso, a più braccia.

Non solo gli ecclesiastici reggono e governano la chiesa, ma anche i laici, non semplicemente come *rappresentati* ma, se si può dire così, *in prima persona*.

Le congreghe, proprio in quel torno di tempo istituite e benedette da Innocenzo III, vollero dire *la chiesa è anche nostra, ci appartiene, perché noi la stiamo costruendo e sostenendo*.

Questo motivo polemico, ma fondamentalmente ortodosso, iscritto nell'introduzione delle cappelle laterali, forse ci spiega perché altrove tali cappelle furono introdotte così tardivamente rispetto a Vieste e a Firenze. Difatti quando alla fine, dopo il 1260, dopo *lo sbarramento di centinaia e centinaia di forche opposte ai*

Flagellanti da Vescovi e Signori[xliii] tale polemica si stemperò e le congreghe, da associazioni di laici impegnati nello studio e nella diffusione del Vangelo, magari tradotto nelle lingue correnti, vennero addomesticate in associazioni di culto, di *devozione* e di folclore, tali cappelle fecero il loro ingresso trionfale in tutte le chiese d'Italia "a devozione", come si dice, appunto, di tali congreghe così trasformate, e di nobili e illustri casate.

Insomma, dopo tutte queste riflessioni, io credo che la Cattedrale di Vieste, più che rappresentare *l'esemplare svevo-pugliese* della chiesa di Santa Trinita (da molti erroneamente riconosciuto nel duomo di Ruvo[xliv]) sia stata invece ideata dalla stessa mente che ha operato a Firenze, da Nicola Pisano in persona, il quale, alla lettera, rifece a Firenze, nella chiesa di S. Trinita, quello che aveva già fatto nella Cattedrale di Vieste anni prima.

Di fatto c'è in ambedue le chiese una rivoluzione tale di schemi costruttivi e di ideologia religiosa sottesa che solo un uomo di genio, quale appunto fu Nicola Pisano, poteva ideare e rendere concreto.

Nicola Pisano, Nicola di Pietro d'Apulia, fu dunque sicuramente un architetto e scultore della corte di Federico II, questo già lo si sapeva. Ora però, se è vero quanto ho finora esposto, la sua presenza in Apulia non è più soltanto supposta, ma diventa certa e documentata, tanto più se egli sarà presente nella nostra cattedrale non solo come architetto, ma anche come scultore, come vedremo.[xlv]

LA STATUA PICCOLA DI SANTA MARIA DI MARINO È STATA SCOLPITA DA NICOLA PISANO.

Nella prima parte di questo mio lavoro ho dimostrato, con successo spero, che la statua di Santa Maria di Marino venerata a Vieste è posteriore al 1480 e anteriore al 1503.

Ho anche dimostrato che tale statua è copia di un'altra statuetta, pure conservata a Vieste, la quale, seguendo tutte le argomentazioni riportate, è inquadrabile temporalmente e stilisticamente nella generale ristrutturazione della cattedrale operata all'epoca di Federico II.

Questa ristrutturazione, come abbiamo visto, molto probabilmente, è opera di Nicola di Pietro d'Apulia.

C'è qualche cosa che però stride con questa nostra congettura.

Se tale statua fosse, come in ipotesi, coeva alla ristrutturazione della cattedrale operata in pieno

Medioevo. Come mai i suoi caratteri stilistici ci sembravo molto più moderni, per lo meno quattrocenteschi, se non addirittura rinascimentale? [xlvi]

Delle due l'una, allora: o ci siamo sbagliati di grosso e la nostra madonnina. è, come ci suggerisce l'analisi al radiocarbonio, collocabile pochi anni prima della statua grande, oppure tale statua è una specie di masso erratico nella storia dell'arte (specialmente tenendo presente il luogo periferico del suo rinvenimento), che ci rivelerebbe in maniera inaspettata una pagina di storia esistita veramente ma sfuggita, finora, all'analisi degli storici dell'arte.

È dunque completamente sbagliata la nostra ricostruzione cronologica, oppure, proprio nella prima metà del XIII secolo ci fu nel Meridione d'Italia, come nel resto d'Europa, un movimento di rinascita delle arti tale che anticipò, in qualche maniera, il Rinascimento, sia pure con altri intendimenti?

Noi siamo soliti immaginarci il Medioevo come un periodo in cui imperava e splendeva prima il romanico e successivamente riluceva il gotico. Dopo, cominciando dall'Italia, e operando prima in campo letterario, ci fu l'Umanesimo e poi la Rinascita, con una specie di risveglio da un sonno durato un millennio, con un rifarsi esplicito al modo di pensare e di fare degli antichi, prima soltanto i Romani e poi, dopo la caduta dell'impero Romano d'Oriente e la venuta in Occidente di tanti dotti orientali, coi loro codici e opere, della Civiltà Ellenica.

Per una specie di *post hoc ergo propter hoc,* siccome in questo periodo in Europa si era affermato il Cristianesimo diventando l'unica religione di tutti, permeando e assorbendo ogni momento e pensiero fin nella vita quotidiana, e in cui il Papato pretendeva addirittura il Primato sui Re e sull'Imperatore, fu facile attribuire al Cristianesimo in genere e al Cattolicesimo in particolare, dopo l'affermazione del Calvinismo e del Luteranesimo, quest'allontanamento dai valori umanistici e classici che furono della romanità e della grecità.

Ma così non è stato con precisione. Lasciando da parte la bellezza e poeticità intrinseca anche al romanico e al gotico, nel pieno del cosiddetto Medioevo ci furono dei momenti di esplicito riferimento a tali classici, specie in architettura e in scultura[xlvii]. Per tutti riporto la natività scolpita sulla facciata della Cattedrale di Chartres attorno al 1250 (Fig. 35), dove il riferimento ai modelli classici è evidente.

In questo caso se chiedessimo ad uno poco esperto della storia dell'arte, facilmente attribuirebbe questa figurazione della natività ad epoche più tarde.

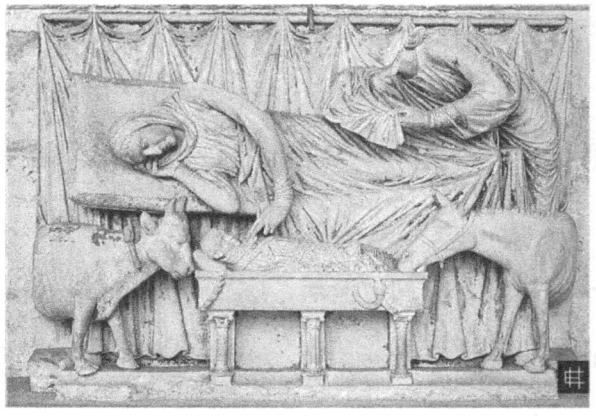

Fig. 35 Natività. Cattedrale di Chartres, II fase. 1193-1250.

Non dimentichiamoci, tra l'altro, che la prima forma di nuova poesia in Italia è nata in Sicilia e in Puglia e che Federico II era un collezionista di opere d'arte della romanità.

Dopo la morte di Federico II e la distruzione della sua casata, tale movimento di rinnovamento cercò altri lidi e fiorì con splendore travolgente in Toscana,

Qui si rifugiò e operò anche uno dei più grandi figli d'Apulia, Nicola di Pietro, che vi cominciò a lavorare fin dal 1247.

Io non sono e non mi reputo affatto un grande esperto di storia dell'arte e, in verità, all'inizio, avevo pensato a Nicola Pisano proprio per la mia ignoranza in materia. Non conoscevo in quel tempo praticamente nulla e l'unico nome risaputo, anche per la sua chiara origine pugliese, era il suo.

Questa scommessa però, questa specie di azzardo, tanto più pericoloso in questi ultimi tempi quando anche esperti di fama hanno preso cantonate da far paura, è stato foriero di studi incessanti e quasi inebrianti, che mi hanno condotto attraverso vie che s'illuminavano sempre di più, man mano che procedevo su questo cammino. Sebbene i risultati ai quali sono pervenuto, proprio perché espressi da un "non esperto", non sono definitivi né probanti, sono però tali da indurre a riflettere, da spingere prima o poi, spero, qualcuno dei "grandi" a dare uno sguardo a questo lontano lembo di terra e a questa piccola statuina, perché in esso e in essa la storia dell'arte, credo, ha lasciato un suo segno profondo.

Difatti, studiando meglio Nicola Pisano, la sua epoca e le sue ascendenze meridionali, ho scoperto che egli non fu un mostro isolato, quasi un genio sradicato dalla sua epoca e dal suo mondo.

Proprio in Apulia ci fu in quegli anni un vero e proprio movimento artistico che, prendendo le mosse dai classici e elaborandoli secondo i canoni stilistici dell'Ile-de-France, pervenne ad un risultato di moderna libertà quale possiamo vedere nei capitelli figurati originariamente nella Cattedrale di Troia (Fig. 36) anteriori al 1229, e nel cosiddetto busto di Federico II a Barletta (circa del 1231)[xlviii].

Bartolomeo da Foggia, Nicola di Bartolomeo da Foggia e Nicola di Pietro d'Apulia sono figli della stessa aura spirituale e artistica.

Non dovrebbe perciò far meraviglia trovare a Vieste, così vicina a Foggia, sede principale dell'Imperatore, un'opera di scultura siffatta.

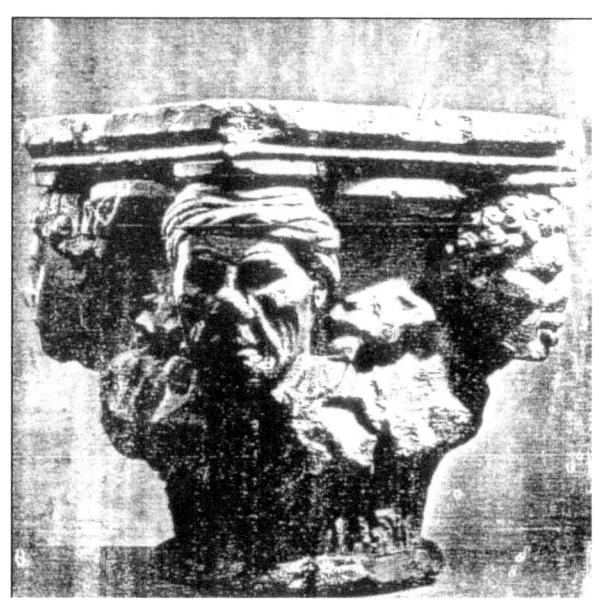

Fig.36. Troia. Cattedrale. Capitello figurato. Ante 1229.

Quando l'avremo ben esaminata, vedremo che essa, pur non potendosi definire romanica, né gotica, né

145

rinascimentale, né moderna, sia tutte queste cose assieme e sia soprattutto, al di là delle definizioni che lo storico usa dare delle cose, prodotto altissimo e coerente di un uomo e di un'epoca ben precisi, di Nicola Pisano nella sua giovinezza o prima maturità, e di quel grande rinnovamento religioso e civile che ci fu in Italia e in Europa nella prima metà del XIII secolo.

Nicola di Pietro d'Apulia, nella sua formazione giovanile fu educato alla scuola dei classici (visione diretta delle sculture e delle statue romane, sia in una sua ipotetica permanenza a Roma, sia attraverso le sculture romane del cimitero di Pisa), alla filosofia tomistica, allo spirito religioso dei Cistercensi, al cui terzo ordine egli apparteneva; e visse, rielaborandoli in maniera personalissima, lo spirito universalistico e rinnovatore del suo imperatore e la tendenza millenaristica di tanti suoi contemporanei.

Dante nella sua concezione poetica, Tommaso d'Aquino nella sua teoresi filosofica e Nicola d'Apulia nella sua opera, anche e soprattutto in questa di Vieste, che già preventivamente attribuiamo a lui, hanno lo stesso pensiero ispiratore, quello di rappresentare il reale nella sua forma *esemplare.*

Non è un puro e semplice gusto naturalistico quello che egli esprime, ma, in esso e con esso, un trascendere il dato di fatto, il puro e semplice individuale, per raggiungere, oserei dire, l'astratto, la forma, l'universale, il *nobile*, come si esprimerà Dante Alighieri.

È quello che affermava, in campo puramente teoretico, l'Aquinate, quando, seguendo Aristotele, definiva la verità come *adaequatio rei et intellectus.*

L'intelletto e la cosa non sono uno specchio dell'altra (come pretendeva il cosiddetto realismo esagerato) in modo tale che l'intelletto quasi re-duplichi la realtà. Fra essi invece v'è contemporaneamente una separazione e un'unione, un'identità e una diversità, rese possibili dalla caratteristica propria del pensiero umano che è l'analogia.

L'individuo, fondamentalmente, non è rappresentabile, né pensabile, ma solo esperibile nel momento, nella circostanza, nella *ecceità*, nel qui e ora. L'arte e il pensiero, partendo dall'individuo, raggiungono invece la sua *astrazione*, pur a esso costantemente ricollegandosi.

Non è il quotidiano che interessa a questi pensatori, a questi scrittori e a questi artisti, ma la tensione ideale del momento verso la sua forma perfetta, verso la sua esemplarità.

Nella figura della nostra Annunziata non c'è solo un'istantanea, quasi una specie di *fotografia solida* di una donna in atteggiamento reale, ma, contemporaneamente a questo, una *sublimazione* artistica e rappresentativa inimitabili.

Il gesto non è immobile, ma pare dare slancio alla figura; lo sguardo esprime una tensione mistica che è di Maria, ma che è anche di tutti quelli che volgono fiduciosi gli occhi al cielo. Il sorriso soprattutto, anche se appena accennato, a volte addirittura non apparente, esprime una luce una serenità una gioia un canto e una voce, che, nel silenzio delle labbra sigillate, sembrano emettere una musica celestiale:

Magnificat anima mea Dominum... esce questo canto da questa bocca pur chiusa, e sembra che lo sentiamo anche noi.

Vi è veramente in questo lavoro la presenza di una personalità potentissima, sorretta da un'ideologia modernissima e straordinariamente feconda, unita a una fede cristiana senza tentennamenti né turbamenti intellettivi.

Che questa personalità del Medioevo sia proprio Nicola Pisano, anziché uno degli altri suoi contemporanei citati prima o addirittura uno sconosciuto maestro dell'epoca, è solo un'ulteriore congettura. Potrei facilmente sbagliarmi, perché questi suoi contemporanei e conterranei sarebbero stati in grado, credo ugualmente, di eseguire una scultura siffatta. Vediamo, per esempio, la testa dell'Ecclesia, detta anche ritratto di Sigilgaida Rufolo del Duomo di Ravello. (Fig.37)

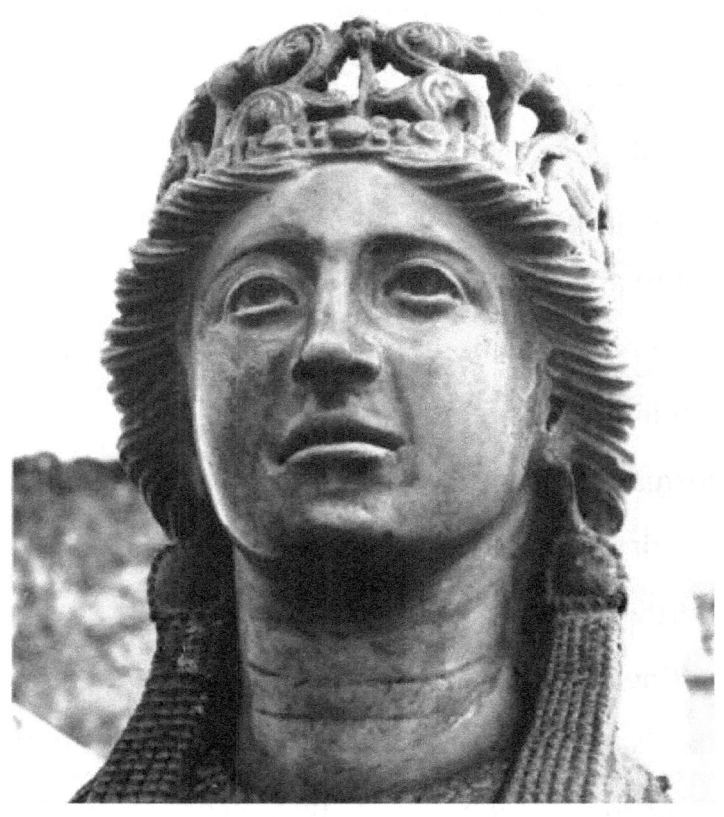

Fig. 37. Ravello. Bartolomeo da Foggia. Ecclesia. 1272.

Quest'opera di Nicola di Bartolomeo da Foggia è stata scolpita, insieme con l'Ambone del Vangelo dello stesso Duomo, nel 1272; eppure, a un primo sguardo, se non conoscessimo la sua storia, diremmo che è un'opera molto successiva, di ispirazione *classica*. La scultura di Vieste potrebbe, a buon diritto, essere opera di quest'autore. Opto però per Nicola di Pietro per i motivi che sto per esporre.[xlix]

Per inquadrare nella loro giusta dimensione la presenza di un autore (Nicola di Pietro d'Apulia) e di una scuola così nuovi e diversi da ogni aspettativa usuale in Capitanata in quegli anni, bisogna ricordare che essi non nacquero dal nulla. Fin dall'anno Mille difatti nel Gargano ci fu una scuola di scrittura e d'architettura straordinaria, a livello europeo.

Non so dove sia stato il fulcro di questa scuola (penso a Monte Sant'Angelo e alle vicine abbazie di Monte Sacro e di Pulsano).

Possiamo portare molti esempi di questa presenza precoce e tutta ancora da approfondire: la stessa Cattedrale di Vieste, nata all'epoca del connubio temporaneo fra Oriente e Occidente con il matrimonio dell'Imperatore Ottone II con la principessa bizantina Teofane; al Maestro David che scolpì la cattedra di San Lorenzo Maiorano e il pulpito della chiesa di Siponto, quand'era Vescovo Leone II (1002–1050); all'Arcidiacono

Acceptus, scultore pugliese dell'XI secolo, autore, circa nel 1041, del pergamo del Duomo di Canosa e, sempre nello stesso anno, di un altro pergamo a Monte Sant'Angelo. Penso ancora alla bellissima chiesa e agli edifici vicini di San Leonardo (fine secolo XI, inizio XII), a Santa Maria Maggiore di Siponto (1098–1117) e infine alle chiese di S. Pietro e S. Maria con il battistero di S. Giovanni in Tumba, che, iniziati in epoca longobarda, furono completati all'inizio del XII secolo.

Ritorniamo alla nostra statuina, che quindi non nasce come una rosa nel deserto, ma da una terra già irrigata dall'arte. Cominciamo a pensare agli elementi interni che la collocano ideologicamente nella prima metà del XIII secolo.

Il primo di questi è la sua posizione genuflessa.

Seguendo l'iconografia dell'Annunciazione nei secoli, vediamo che, immancabilmente, nei primi secoli del Cristianesimo e fino all'XI secolo, Maria è stata sempre rappresentata seduta su un trono o in piedi di fronte all'Arcangelo.

Nei secoli successivi l'Annunziata sarà indifferentemente in piedi, seduta, e, per lo più inginocchiata, mai però genuflessa, come a Vieste.

Ho detto mai, ma la cosa strabiliante è che l'unico esempio simile è quello di un quasi contemporaneo di Nicola Pisano, di Giotto, che, nella cappella degli Scrovegni[l], nel 1305, rappresentò un'Annunciazione simile, nel gesto della genuflessione, a quella di Vieste (Fig. 38).

Ho detto strabiliante a ragione perché le due figurazioni hanno non solo Maria genuflessa, ma, genuflesso, anche l'Angelo Annunziate dirimpettaio.[li]

Questa di Vieste dunque, come la figurazione giottesca citata, rappresenta una fase iconografica raramente o mai altrove usata, dal valore teologico altamente significativo, di chiara derivazione tomista, poiché si pone l'umanità di Maria quasi sullo stesso livello della divinità.

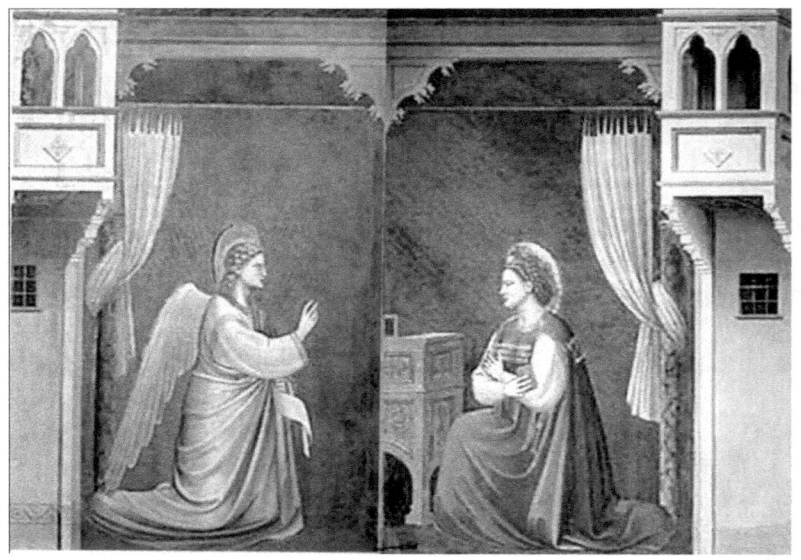

Fig. 38. Annunciazione. Giotto. 1305. Padova. Cappella degli Scrovegni.

Maria è *Theotòkos*, Madre di Dio (alla lettera *Colei che ha generato Dio*). Per questo, in termini tecnici, si dice che a Dio è riservata la *latria*, l'adorazione, e ai santi e agli angeli la *dulia*, la venerazione. A Maria però spetta la *iperdulia*, certo non l'adorazione, ma molto di più che una semplice venerazione. L'Arcangelo Gabriele, Messaggero di Dio ma non Dio, in quest'ottica, può dunque genuflettersi di fronte al suo umano interlocutore.

Il secondo elemento, anch'esso iconografico, che ci convince che tale scultura sia proprio, ancora una volta, della prima metà del XIII secolo, è, come abbiamo spiegato, il significato del gesto delle due mani dell'Annunziata. Ella sta ottenendo la matassa dal fuso.

Abbiamo anche visto, attraverso il paragone con l'Annunziata che sta nel Museo Nazionale di Manfredonia, che tale gesto, o similare, era molto comune in area adriatica, o in genere influenzata da Costantinopoli, e ha un suo antecedente prototipico in Grecia.

Se ora andiamo a vedere, con questa nuova ottica, l'Annunziata scolpita a rilievo, di Nicola Pisano, nell'architrave della porta di sinistra del Duomo di Lucca (Fig. 39) e quella, dello stesso Nicola, scolpita nel primo pannello del pulpito del Battistero di Pisa (Fig. 40), vediamo che in entrambe Maria non sta effettuando col fuso la filatura, traendolo dalla conocchia, ma con più precisione è in procinto di far la matassa.

La figura della Madonna di Lucca in questa fotografia molto antica è poco leggibile, e attualmente (l'ultima volta che ho tentato di vederlo) l'architrave è in restauro, essendo le sculture molto rovinate. Al mio scopo basta analizzare la figura, molto più chiara, del Battistero di Pisa. Qui Maria tiene stretto nella sinistra il fuso già pieno di lana. Vuol dire che Ella, immobilizzata dall'apparizione dell'Angelo, stava, nella realtà immaginata e rappresentata, in procinto di fare l'azione che viene dopo la filatura, cioè lo srotolamento della lana dal fuso: la matassa cioè. È ovvio che in un rilievo è impossibile ottenere un gesto che per essere chiaro ha bisogno di un tutto tondo, ma esso s'indovina bene lo stesso.

Se Nicola Pisano non fosse, come io invece sostengo, lo stesso autore della madonna di Vieste,

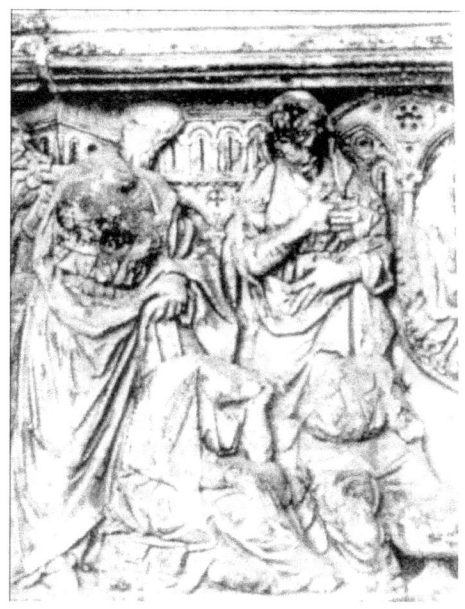

Fig. 39. Annunciazione. Nicola Pisano. Lucca.

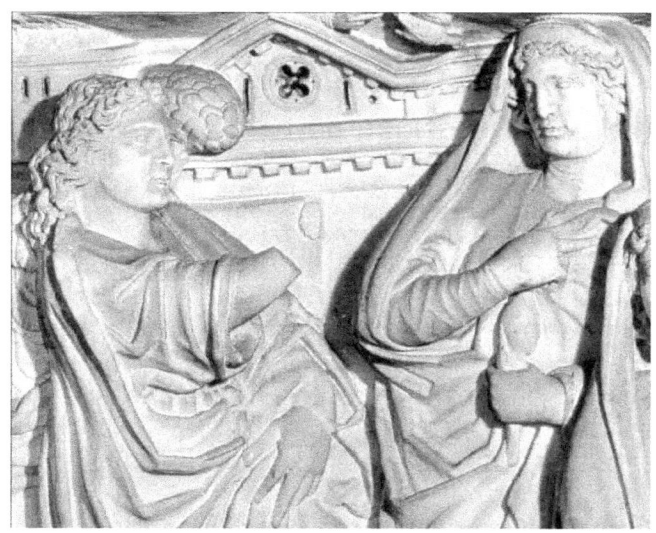

Fig. 40. Annunciazione. Nicola Pisano. Pisa. Battistero.

conosceva bene dunque l'iconografia adriatica di cui prima parlavo.

In ogni caso questo tipico modo di rappresentare Maria, così comune in questo torno di tempo, a quanto possiamo vedere da questi tre esempi, nei secoli successivi scomparirà completamente, almeno nei rappresentati più alti della scultura e della pittura, rimanendo relegato nei centri minori e con autori sconosciuti.

Quella di Vieste perciò, ancora una volta, è un'opera perfettamente inseribile nell'epoca in cui noi abbiamo supposto che sia stata scolpita.

Il suo livello di esecuzione però, la modernità e la perfetta classicità delle linee, dei movimenti, dello sguardo e del sorriso, come abbiamo già detto, ci costringono a pensare al suo autore come a una grande personalità. Ancora più grande perché, oltre alla perfetta esecuzione artistica, v'è in essa una profondissima concezione religiosa e un equilibrato pensiero filosofico e teologico.

Chi ha prodotto quest'immagine, oltre ad essere figlio del suo tempo, era anche un genio, capace di farsi carico di tutte le aspirazioni e i conflitti della sua epoca, elaborandoli in maniera personalissima, imprimendoli plasticamente nella materia.

È la stessa genialità, autonomia e profondità di pensiero e bravura esecutiva, che sono leggibili nella lunetta di San Martino, a Lucca, di Nicola Pisano (Fig. 41).

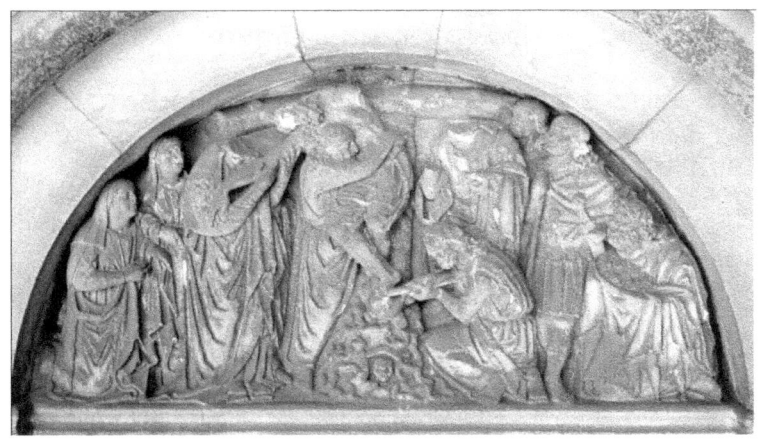

Fig.41. Deposizione. Nicola Pisano. Lucca. San Martino.

Da essa, pur nella tragica ora, s'effonde, dai suoi personaggi, una serenità misteriosa, una mestizia che è piuttosto contemplazione e speranza, una fusione perfetta fra l'uomo-Dio che è morto e che cade inerte dalla croce e gli uomini che lo sorreggono, in un abbraccio che permea pure la pietra (il braccio orizzontale della croce si piega, adeguandosi alla curvatura della lunetta...)

Solo un uomo e solo un'epoca potevano esprimere, miste e non contraddittorie, tanta intensa religiosità e tanta commossa umanità: Nicola Pisano, prima della crisi epocale, sua e del suo tempo, del 1260, quando poi il suo stile si sveltì nel *gotico* nel pulpito del Duomo di Siena e la sua religiosità, da *serena* divenne sempre più *mossa*, direi quasi piena di tormento, che dall'interiore dell'anima passa al movimento delle linee scolpite del marmo.

Per vedere quanto quest'uomo fu in grado di vivere il suo tempo, di interpretarlo, di assecondarlo e di farcelo rivivere nella sua drammaticità e nella sua esemplarità per i secoli futuri, forse soprattutto per il nostro, basti osservare le tre scene, da lui scolpite, in cui Cristo appare crocifisso.

Dalla calma, serena, umanissima Deposizione di Lucca (prima del 1258), in cui il braccio della croce, curvandosi verso il basso, sembra quasi rivolgersi dal cielo alla terra per abbracciarla, si passa alla ieratica, quasi immobile, crocifissione di Pisa (1260), i cui bracci diventano perfettamente orizzontali, quasi a esprimere un confine tra il cielo e la terra; e infine a quella di Siena (tra il 1265 e il 1268), in cui il Cristo Crocifisso protende le sue braccia verso l'alto, mentre la sua umanità si contorce nello spasimo del dolore.

Si passa sempre più, dall'iconografia di Lucca a quella di Siena, dalla cosiddetta *teologia orizzontale*, in cui Cristo è solidale con gli uomini, alla *teologia verticale*, in cui Cristo ci unisce e ci attrae a sé, quasi per staccarci dal mondo e ricondurci al cielo, inteso, d'allora in poi sempre di più come un *al di là*.

Se non vogliamo pensare semplicemente a una evoluzione spirituale e religiosa sempre più *intimistica* e *dualistica* del solo Nicola, dobbiamo piuttosto ritenere che egli sia stato interprete fedelissimo della storia del suo tempo.

In meno di un secolo, si passò dalla speranza dell'avvento del Regno di Dio *sulla terra*, inteso nei suoi aspetti più diversi e magari contraddittori, di rivoluzione sociale o di impegno disarmato ed esemplare (pensiamo da una parte alle varie eresie, catare, albigesi, lombarde, ad Arnaldo da Brescia e a Gioacchino da Fiore, dall'altra al francescanesimo), al risultato finale, di cui ancora oggi noi siamo impregnati: la vita terrena, nella mentalità e nella parola di molti predicatori, è solo un *passaggio* in una *valle di lacrime,* dimenticando di aggiungere che il Regno di Dio è già in mezzo a noi.

Potremmo aggiungere che, secondo questa visione, noi *non habemus hic manentem civitatem*, usando le parole della lettera agli Ebrei, il che è verissimo, se non portasse spesso alla cecità verso l'oppressione dei potenti sui miseri, non sempre identificabile con la più giusta inevitabile differenziazione sociale.

C'è una specie di dicotomia caratteristica nell'impegno nel mondo del cristiano, d'allora in poi, quasi insuperabile. Tra bontà e giustizia sociale non c'è più equivalenza: i poveri e i ricchi sono ugualmente infelici e peccatori; e tutti verranno livellati, alla fine, dalla morte che è l'accesso alla vera vita, quella eterna.

Voglio dire che in Nicola Pisano, a prescindere dall'attribuzione a lui della scultura di Vieste, attraverso le sue opere, troviamo incise come in un libro aperto l'itinerario spirituale della sua epoca, del suo spirito e, come in Archetipo, il rapporto e gli esiti di un uomo di cultura e di successo, rispetto alla Fede e rispetto al Potere.

Questa di Vieste, proprio per la sua candida ingenuità, per la sua nitida classicità, per la chiara affermazione che Maria è una donna del popolo. Perciò per quella fede gioiosa e saldissima che sentiamo rifulgere in essa, per l'ineguagliabile e apparentemente facilissima sua esecuzione, essa può inquadrarsi bene, e direi soltanto, nella prima metà del XIII secolo, in Capitanata, sotto Federico II e con autore Nicola di Pietro d'Apulia.

Essa non è, sic et simpliciter, una Regina (come la corona che portava sul capo dimostra inequivocabilmente), ma una semplicissima donna. Non sta, come ci si aspetterebbe dalla futura madre di Dio, in contemplazione, ma lavorando. Non è staccata dalla terra in una proiezione mistica verso il cielo, ma in un atteggiamento profondamente umano e composto. Il rapporto con Dio, nello sguardo che ella rivolge all'Arcangelo e nell'accettazione del suo messaggio, non produce sconvolgimenti misteriosi o turbamenti da sproporzione ontologica, ma una profonda serenità. Eppure Ella è - e si vede - donna e Regina, operaia e orante, umana e permeata di divino.

Cielo e Terra, Divinità e Umanità, sono stupendamente fusi in questa pregevole opera, esprimendo in maniera perfetta l'ortodossia dell'Incarnazione e della distanza abissale fra Cristianesimo e Potere terreno, quando esso non è inteso come Servizio.

Finora ho portato delle prove sostanzialmente indirette che c'inducono a credere che questa madonna sia dell'epoca di Federico II e che abbia per autore Nicola Pisano.

A un esame più attento però - tenendo presente che quest'opera sarebbe la più antica delle sue opere pervenutaci - questa scultura rivela affinità stilistiche e morfologiche strettissime con le prime opere, chiamiamole giovanili, di Nicola, quelle appunto di Lucca.

Il panneggio, per esempio, -confrontando la madonna di Vieste e i personaggi dell'Annunciazione di Lucca- è sostanziale e quasi approssimativo in alcune parti, perfetto nei particolari invece dove si vuole imprimere il senso del movimento e dell'intima emozione del personaggio.

La veste, sia della madonna, sia, in modo più significativo dell'Arcangelo Gabriele, è trattenuta all'altezza della vita da una cintura che non appare, come nell'Annunziata di Vieste. Le piegoline superiori che coprono tale cintura dell'Angelo e quelle dell'Annunziata di Vieste sono non solo simili, ma addirittura identiche.

Identiche sono le pieghe del mantello che scende dal capo sulla spalla sinistra delle due madonne.

C'è ancora una forte analogia tra la nostra scultura e la figura di donna inginocchiata ai piedi della croce nella Deposizione di San Martino (Fig. 42).

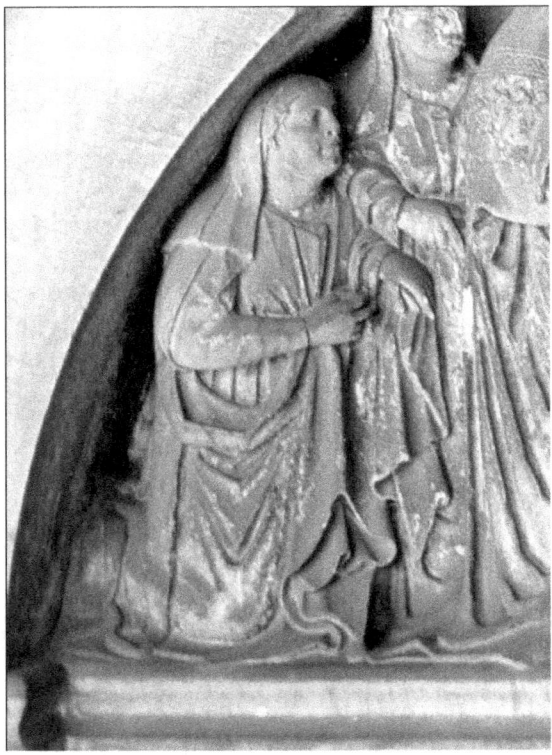

Fig. 42. Deposizione, particolare. Lucca.

Oltre all'aspetto generale, si osservi la resa delle pieghe del mantello del capo che si raccolgono su se stesse in una maniera caratteristica. Si osservi la parte terminale del mantello, poco sopra il ginocchio genuflesso: è ottenuto con lo stesso procedimento stilistico del lembo del mantello della madonnina. di Vieste, che cade dalla spalla destra, con lo stesso tipo di punta, con le stesse piegature multiple e morbide, ottenute scavando all'interno della materia, con un rialzo centrale, dando in tal modo, nel complesso, l'idea del movimento di una persona che si è genuflessa da poco.

Continuando i paragoni, i volti e i colli dei personaggi sono grossi, quasi massicci, con gli zigomi non evidenti ma posti molto in avanti (allargando tutta la guancia).

Gli occhi sono ottenuti con bulbi senza pupille, ma resi in tal modo icastici da farci capire che essi non sono perduti nel vuoto, quasi ciechi, ma mirano un oggetto ben particolare, posto a una certa ben definita distanza: sono perfettamente a fuoco, in poche parole[lii].

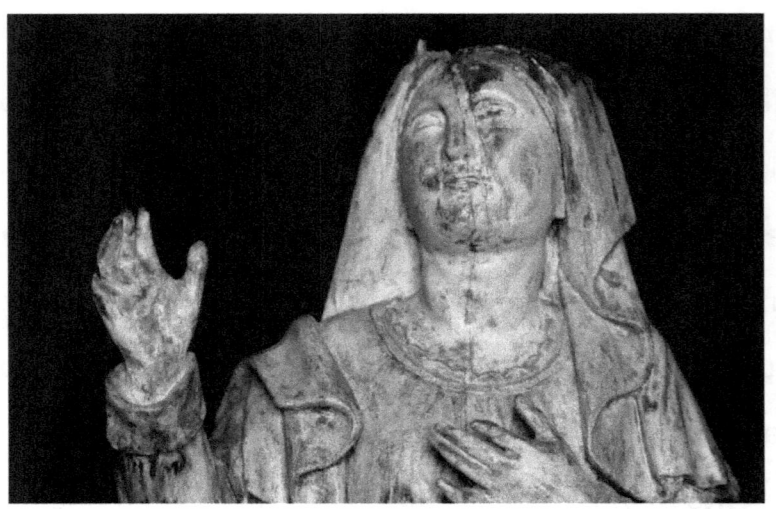

Fig. 43. Particolare del viso della statua lignea di Vieste.

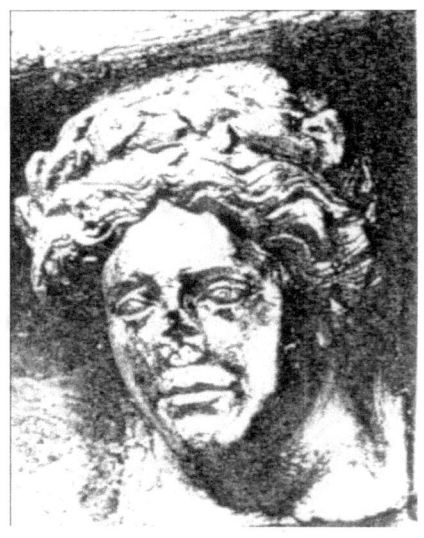

Figura 44. Siena. Nicola Pisano. Testa femminile coronata d'alloro.

Le labbra sono chiuse, ma profondamente
espressive. Questo soprattutto se osserviamo il

particolare ingrandito del volto della madonnina. di Vieste (Fig. 43) e la mettiamo a confronto con la *Testa femminile coronata d'alloro* (Fig. 44) posta nella cupola del Duomo di Siena, e attribuita da A. Bagnoli a Nicola Pisano.

Due artisti diversi, in due luoghi diversi, possono benissimo esprimere forme simili uno indipendentemente dall'altro. Qui però siamo nella prima metà del Tredicesimo secolo, e due sorrisi così straordinariamente moderni ed espressivi, così simili, identici praticamente -si osservi, oltre al sorriso, l'attaccatura delle arcate sopracciliari con il setto nasale, gli zigomi, le guance e il mento- sono un'anomalia talmente stridente, che si risolve soltanto nell'identità della mano che li ha scolpiti entrambi.

Il mantello infine -sempre paragonando Vieste e Lucca- scende sul capo e dal capo, seguendone le forme sin sulle spalle, lasciando ampiamente scoperto il collo, che porta evidenti ma non esasperate le linee di forza e di rotazione dei muscoli, il volto e la parte inferiore dell'orecchio, di nuovo nella stessa maniera, con le stesse piegature e sinuosità.

Soprattutto un particolare, che ho già fatto notare, è significativo: il modo cioè in cui l'Annunziata di Lucca tiene nella sua mano sinistra il fuso. Ella –ovviamente lo possiamo solo immaginare, ma non potrebbe essere espresso altrimenti, dato il tipo di scultura– lascia passare la punta di quest'arnese verso il basso, nella sua parte più lunga, tra l'indice, posto in avanti, e i mediani, in un gesto che vuole indicare, come abbiamo già ricordato, che il fuso è già pieno di filo e che la donna è oramai pronta a trasformare tale filo in matassa.

Possiamo concludere, con un certo grado di soddisfazione interiore -molto vicina alla certezza- che la statuina di Vieste possa essere attribuibile al Grande Maestro della nuova Ars Scultorea del Duecento.

Che poi essa sia di legno, al contrario di tutte le grandi opere di Nicola, in marmo, non deve destare meraviglia.

Difatti:

Se durante i secoli XII e XIII la scultura lignea, pur partecipando, almeno in parte, della stessa cultura e delle stesse tendenze artistiche di quelle in marmo e in pietra, si era svolta con una certa indipendenza da questa, giungendo in alcuni centri ad affermazioni autonome e comunque di preminente importanza storica di più alto livello qualitativo, a partire dal secolo XIV ed anzi, in certi casi negli ultimi anni del XIII, essa -salvo naturalmente ad alcune precisabili eccezioni- tende per lo più a manifestarsi come un riflesso, sia pure nobilissimo, delle attività delle maggiori personalità scultoree del secolo: alcune delle quali, pur avendo affidato la loro fama a capolavori marmorei o bronzi, non disdegnarono l'umile legno[liii].

A Nicola Pisano ultimamente sono state attribuite nuove piccole sculture in marmo; ma non è neppure da escludere che *un qualche accento del grande maestro traspaia dal modellato sapientissimo e dalla classica serenità dello stupendo crocifisso ligneo di Petrognano[liv].*

Al figlio di Nicola, Giovanni Pisano, è stato attribuito da H. Keller (1942) l'esecuzione di un crocifisso ligneo conservato a Siena, nell'Opera del Duomo, e di un altro ancora, conservato nella chiesa di Sant'Andrea di Pistoia. Giovanni stesso, d'altro canto, nell'epigrafe superiore del Duomo di Pisa, si autodefinì *sculpens petra ligno auro.*

Certo fa un po' di meraviglia, quasi d'incredulità, aver trovato un'opera di Nicola Pisano in un paesino sperduto del Gargano, così lontano, fisicamente, culturalmente e proporzionalmente da Lucca, Pisa e Siena.

Bisogna ricordare però, prima di tutto, che Federico II fu sempre in movimento col suo esercito e la sua corte, e che Pisa fu sempre sua fedele alleata nella lotta contro il Papa e Firenze. Inoltre le maestranze di Federico, quasi in blocco, si trasferivano da un luogo all'altro, secondo le esigenze del momento.

Se Nicola fu un suo architetto-scultore perciò, questi lavorò là dove il suo datore di lavoro gli comandava di recarsi. E Vieste, come abbiamo già ampiamente detto, fu praticamente rifatta dopo il 1240 per interessamento diretto e specifico dell'Imperatore.

Infine, quasi a suggello di quanto finora esposto, affermo che tale opera è addirittura firmata dal suo autore. Sotto la base della statua, formata da stucco durissimo e resistente ad ogni abrasione (Fig. 45), impressi con rapida mano e quando lo stucco era ancora fresco, ci sono dei tratti che indicano, ami modo di vedere, una N maiuscola, che s'interseca con una A, anch'essa maiuscola (Fig. 46).

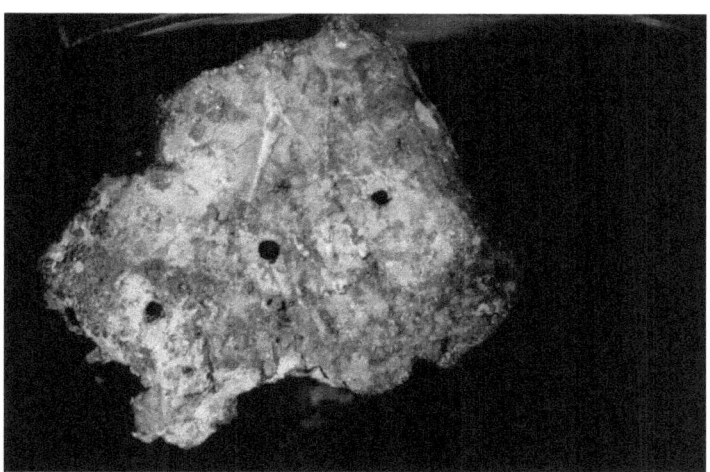

Fig. 45. Base della madonnina di Vieste.

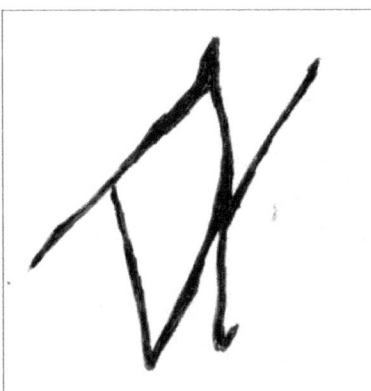

Fig. 46. Monogramma dell'autore della scultura di Vieste.

Penso immediatamente alle firme, sotto forma di monogrammi, che hanno usato tanti artisti, e che erano molto comuni in epoca medioevale, quale sigilli di Re e Imperatori. Di cui famosi sono quelli, molto complessi, di Federico II e di Carlo Magno.

Interpreto tali segni come la N iniziale di N(icolaus), intersecata, in maniera da formare un perfetto monogramma, alla A di A(puliensis), dal suo luogo di origine, cioè da quello che oggi è il cognome.

I tre fori della base, infine, se ce ne fosse ancora bisogno, sono un'ulteriore, valida, prova della sua origine medioevale.

Nel Medioevo, infatti, le statue non avevano solo la funzione, come oggi, di servire alla processione rievocativa e celebrativa dei santi o delle festività della Madonna o di Gesù. Spesso in chiesa venivano celebrate delle vere e proprie scene teatrali, le sacre rappresentazioni, con tanto di testo preordinato e con un apparato scenico articolato, proprio come in un teatro, cui i fedeli facevano da spettatori e anche da comparse, affinché il messaggio e soprattutto l'emozione li prendessero con più forza emotiva.

Questi fori, molto profondi, in cui dovevano innestarsi i tre perni della base portantina, furono pensati dunque in previsione, oltre che del lungo spostamento che l'immagine doveva subire nella lunghissima processione del 9 maggio, anche della rievocazione della scena dell'Annunciazione, o di altra festa, in chiesa, in una vera e propria sacra teatralità[iv].

Ho più volte affermato, nel corso del mio lavoro, che, prima della raffigurazione scultorea, ci doveva essere a Vieste un'icona tardo romana, che potremmo anche definire romano-bizantina o proto cristiana, di tipo ravennate per intenderci.

La leggenda dei buoi, parlando dei Saraceni, rimanda al IX- X secolo. La chiesa cattedrale originaria di Vieste è stata edificata in epoca ottoniana come un'aula nordica, e ci risiamo col X secolo. Non solo. In questo secolo X la giurisdizione diocesana passò dalla distrutta Marino alla neo costruita Vieste[lvi]. Perciò l'icona ritrovata dai pastori a Scialmarino era anteriore a tale data. Dagli scavi attorno alla chiesa di Marino sono stati trovati chiari segni che si possono riferire all'epoca paleocristiana. Vuol dire che tale supposta icona deve appartenere proprio a quest'epoca, e poiché Marino era sicuramente sotto il dominio bizantino, all'area ravennate.

Questa mia ultima è un'altra supposizione, molto meno sicura delle altre precedenti, ma estremamente logica.

All'epoca di Federico II, quando, secondo la mia ricostruzione, Nicola di Pietro d'Apulia scolpì magistralmente la nostra Annunciata, tale antica e preesistente icona esisteva ancora a Vieste, e che ad essa Nicola si sia ispirato come modello.

Che cosa me lo fa pensare?

Non, ovviamente, la figurazione complessiva della genuflessione, gesto impensabile nei secoli antecedenti a Nicola.

Gli elementi che me lo fanno pensare sono, oltre a quelli storici che ho citato prima:

Primo, la filatura. Come già detto, essa rimanda a un archetipo, concreto o ideale, molto comune per l'intera area sotto il diretto influsso di Bisanzio, e quindi, a maggior ragione adriatica. A Ravenna, dove io credo bisogna cercare l'equivalente per Vieste, sul lato laterale del sarcofago di Eliseo del V secolo, è rappresentata l'Annunciazione con Maria chiaramente intenta nell'esercizio della filatura (Fig.47).

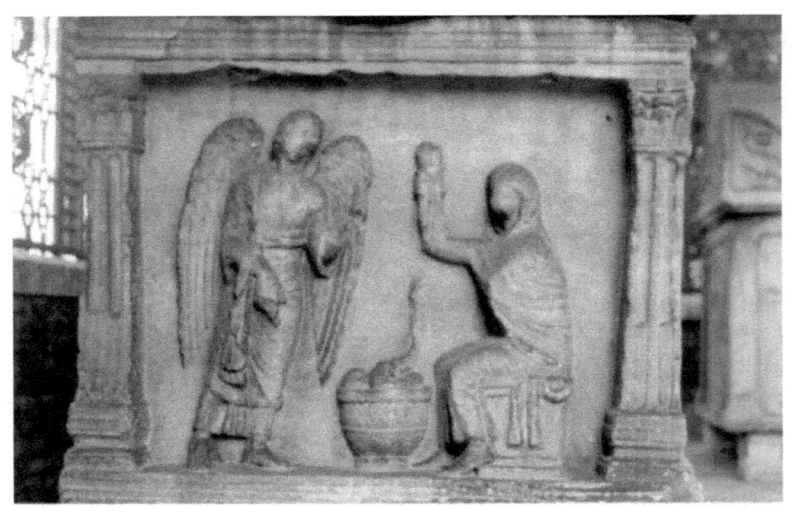

Figura 47. Ravenna. Sarcofago di Eliseo. Ante 450.

Secondo, la foggia elaboratissima del collo della veste della madonna di Vieste. È veramente troppo complessa per essere un semplice ornamento della veste stessa. A me pare piuttosto un'elaborazione, come al solito geniale, di una sgargiante collana che la madonna Annunciata bizantina doveva portare al suo collo nell'ipotetica icona marinense. Per dare un'idea di quello che dico rimando alle elaboratissime collane che si possono vedere nel corteo di Teodora con le sue damigelle a San Vitale, ancora una volta a Ravenna, del 547 (Fig. 48). Lo scultore di Vieste, avendo davanti una madonna con una collana simile ha voluto come lasciarne una traccia nel collare della veste, pur nell'invenzione della sua nuova stupenda e rivoluzionaria figurazione gestuale.

Se, per le argomentazioni precedenti bisogna, pur nella logicità di quello che ho detto, essere cauti, molto più cautela occorre per queste ultime considerazioni.

Avremmo allora un ininterroto culto dell'Annunciata e della sua figurazione nella nostra terra, dai primordi del cristianesimo fino ad oggi.

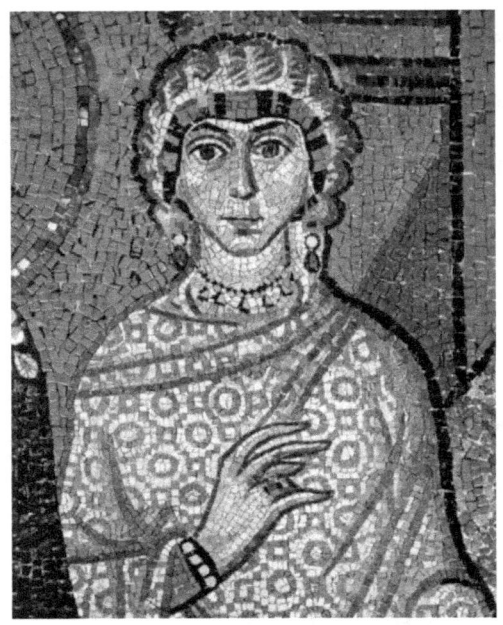

Fig. 48 Ravenna. San Vitale. 547. Figura di damigella del corteo di Teodora.

Un'ultima immagine vorrei mostrarvi (Fig. 49).

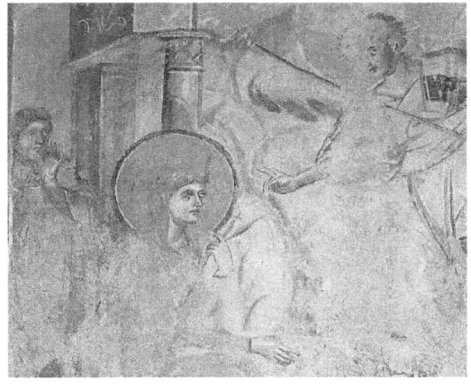

Figura 49. Castelseprio. Annunciazione. Santa Maria foris portas, VIII – IX secolo.

I colori sono leggermente sbiaditi, ma si nota lo stesso la splendida raffigurazione di questa

Annunciazione, così antica e sorprendente. Osservate la grazia dei volti della Madonna e dell'Arcangelo. Sono di una espressività modernissima. Si noti la levità del volo e del gesto di Gabriele: sono degni di un pittore di secoli successivo. Eppure siamo, al massimo, nel IX secolo appena. Quanto dobbiamo ancora imparare della storia dell'arte. Faccio notare che ci troviamo in un'area che, pur essendo in Lombardia, in provincia di Varese, era in quel tempo sotto l'influenza culturale bizantina, forse per l'alleanza momentanea fra i due imperi all'epoca di Carlo Magno. Inoltre il gesto di Maria è, credo, dello stesso tipo di quello della madonna di Vieste: sta cioè sul punto di togliere il filo dal fuso. Difatti se stesse semplicemente filando la lana dalla conocchia, il fuso dovrebbe trovarsi nella mano destra e non nella sinistra, per di più tenuta in alto, come in questo caso.

Ancora una volta c'imbattiamo nell'archetipo di cui spesso ho parlato, e che poi è stato, nella storia dell'arte, abbandonato dopo il Duecento, privilegiando la figurazione in cui Maria, nel momento dell'Annuncio, stava pregando o leggendo qualche passo della Bibbia.

INDICE DEI NOMI CITATI.

Nicola Pisano; 4; 7; 9; 10; 23; 83; 128; 129; 130; 136; 137; 138; 142; 143; 145; 148; 152; 154; 155; 156; 158; 159; 162; 164; 167; 168; 170; 171; 185; 186

Notre Dame de Paris; 127; 132

Otranto; 38; 50; 51

Ottone I; 19

Ottone II; 150

Peschici; 17; 62; 90

Pietro Alamanno; 52; 53; 54; 58

Pisa.; 23; 155; 156

radiocarbonio; 10; 26; 28; 78; 139; 187

Ravello; 148; 149

Rinascimento; 34; 35; 107; 139

ristrutturazione; 7; 9; 43; 82; 83; 89; 128; 129; 131; 138

romanico; 100; 107; 122; 130; 139; 141

Ruvo; 136

S. Giovanni in Tumba; 151

sagrestia; 25; 39; 40; 42; 43; 44; 45; 52; 79

San Giovanni a Carbonara; 54; 60

San Leonardo; 151

Santa Trinita; 129; 133; 136

Saraceni; 17; 19; 175; 187

Scialmarino; 17; 19; 62; 65; 175; 187

Siponto; 64; 84; 150

Slavi; 19

Spedicato; 110

statua grande; 13; 32; 34; 43; 45; 47; 48; 49; 52; 61; 68; 75; 78; 139; 187

statua piccola; 7; 10; 13; 14; 28; 34; 40; 41; 45; 47; 49; 61; 62; 65; 68; 75; 76; 81; 82; 138; 139; 166; 168; 172

teologia; 12; 32; 160

terremoto; 20; 24; 64; 81; 84; 90; 92; 96; 97; 98; 99; 102; 106; 108; 123; 124; 128; 131; 132; 134

Tomajuoli; 121

Tommaso d'Aquino; 146; 153

Troia; 143; 144

Turchi; 38; 52; 57; 80; 81

Uria; 24

Vieste; 4; 5; 7; 9; 11; 13; 15; 16; 17; 19; 20; 22; 23; 24; 25; 26; 34; 42; 43; 45; 47; 51; 52; 54; 56; 57; 59; 60; 61; 62; 63; 64; 65; 68; 69; 72;

BIBLIOGRAFIA.

AA. VV., *La Cattedrale di Vieste*, Centro di Cultura Nicola Cimaglia, Quaderno N° 1, Vieste, 1980.

AA. VV., *L'Arte in Italia*, Roma, 1969.

Ambrosi A., *La Cattedrale di Vieste*, Estratto da *Rassegna Tecnica Pugliese – Continuità,* anno XI, N° 2, 1977.

Bagnoli A., *Novità su Nicola Pisano scultore del Duomo di Siena*, in *Prospettiva,* Regione Toscana, Università degli Studi di Siena, N° 27, ottobre 1981.

Bologna F. - Causa R., *Sculture lignee della Campania*, Napoli, 1950.

Bologna F., *I pittori della Corte angioina di Napoli, 1266 - 1414, e un Riesame dell'arte fridericiana,* Roma, 1969.

Bottari S., *Nicola Pisano e la cultura meridionale*, in *Arte antica e moderna,* V, 1959.

Bottari S., *Saggi su Nicola Pisano*, Bologna, 1969.

Carli E., *La scultura lignea italiana dal XII al XVI secolo*, Electa Editrice, Milano, 1961.

Della Malva, M., *La città e la Madonna di Merino*, Foggia, 1970.

Giuliani V., *Memorie storiche, politiche, ecclesiastiche della città di Vieste,* Napoli, 1768, ristampa anastatica, Sala Bolognese, 1978.

Horst E., *Federico II di Svevia*, Milano, 1981.

Huillard - Breholles J. L. A. , *Historia diplomatica Friderici II*, Intr. e voll. I – VII, Paris, 1852 – 1861.

Nicco Fasola G., *Nicola Pisano*, Roma, 1941.

Petrone M., *Note di Storia antica garganica e viestana,* pubblicato a cura del Centro di Cultura "N. Cimaglia", Vieste, 1984. Quaderno N° 5.

Pisani G., *Cronica e memorie di Vieste dall'anno 1664 all'anno 1700*, Centro di Cultura Nicola Cimaglia, Vieste, Quaderno N° 6.

Previtali G., *Studi sulla scultura gotica in Italia*, Einaudi, Torino, 1991.

Reau P. L., *Iconographie de l'Art Chretien*, Tome Second, *Iconographie De la Bible,* II, *Nouveau Testament,* Presses Universataires de France, Paris, 1957.

Settis S., *Iconografia dell'arte italiana 1100 - 1500: una linea*, Einaudi, Torino, 2011.

NOTE.

[i] Bisogna ricordare che a Vieste, sull'isolotto del faro, c'è un'antica iscrizione che ricorda il passaggio per Vieste, il 3 settembre del 1003, della flotta veneziana, al comando del Doge Pietro Orseolo, che andava a Bari per liberarla dall'assedio dei Saraceni.

[ii] Scialmarino significa alla lettera *la spiaggia di Marino*. Basta questo fossile linguistico a ricordarci che il nome di quel luogo doveva essere Marino e non Merino. D'altro canto i cognomi, altri fossili linguistici, a Vieste attestano tanti *Marino* e neppure uno straccio di *Merino.*

[iii] Giuliani Vincenzo, *Memorie Storiche Politiche, Ecclesiastiche della Città di Vieste,* Napoli, 1768, riedizione anastatica del 1978 di Arnaldo Forni Editore Spa, pag. 98.

[iv] Ciò spiega il filo continuo che ha condotto una tale bellissima statua dalla venerazione corale di tutto un popolo alla condizione di oggi. Tale statua è stata sempre a custodia del cimitero di Vieste, dalla sua origine, quando era ai lati dell'ingresso medioevale di detto cimitero. Nel Seicento essa fu spostata, insieme con la statua più grande, nel nuovo cimitero del Popolo, quello situato sotto l'attuale Cappella del Popolo Viestano. Quando anche questo cimitero fu chiuso, agli inizi dell'Ottocento, la statua grande rimase al suo posto, mentre la piccola, per continuare la tradizione, fu portata al cimitero extra-urbano, sito in località del Carmine, di cui l'ultimo custode è stato il mio trisavolo. Qui, nella generale dispersione di tutto agli inizi del secolo scorso, Michele salvò e tenne per sé questa statuina e i gli imbusti di San Giorgio e San Ponziano, i quali ultimi poi, a detta di mio padre e dei miei zii, furono affidati al parroco della Madonna delle Grazie, con le relative reliquie in essi contenuti.

[v] Era, ovviamente, solo un effetto fisico, dovuto al fatto che il braccio sinistro della statua, che corre parallelo al corpo, è legato all'avambraccio mediante un perno interno, e il collante che teneva legato il braccio e l'avambraccio frattanto è venuto meno. In tal modo il braccio, spinto giù, fa un piccolo movimento di ritorno verso l'alto.

[vi] Ho pubblicato su Amazon (in internet) un libro sull'origine naturale della Sindone e qui, tra le altre cose, ho affrontato il nodo del test al radiocarbonio della Sindone che attesterebbe che essa sia un reperto del XIV secolo. La Sindone invece è autentica, dell'epoca di Ponzio Pilato, desumendolo con certezza da numerose e inoppugnabili prove di altre scienze. Come mettere insieme due dati così contraddittori? Molte sono le possibili spiegazioni e forse quella vera non è ancora stata scoperta. Una cosa però è sicura. Il test è stato fatto con cura e perciò non è sbagliato. Vero però è anche che la Sindone è del I secolo. Che cosa prova in verità il test? Che il numero degli atomi di C14 è molto più elevato di un tessuto filato nel I secolo. Non dice affatto che non sia del I secolo. Che significa? Che c'è stato un apporto nuovo di atomi di carbonio più recente su quel tessuto

e non altro. La stessa cosa vale per la statuina di Vieste. L'esame dice che gli atomi radioattivi sono tanti quanti sarebbero quelli di un legno del XIV- XV secolo; ma ci potrebbe essere stato un apporto di atomi recenti dovuto a cause sconosciute. In poche parole non è l'esame al radiocarbonio a prevalere nella datazione di un qualsiasi reperto, ma la documentazione e il vaglio storico. Nel caso di Vieste si può ben pensare all'opera dei tarli, che digerendo il legno ed espellendo le proprie feci al suo interno hanno di fatto apportato nuovi atomi di carbonio. Infatti il legno da me prelevato è stato preso attraverso i fori della base, per non sciupare in alcun modo la statuina; e il legno che ne è uscito era più che altro segatura polverizzata. Alcuni di questi tarli, che sicuramente ci sono stati in passato, data la condizione in cui versa la statua, con l'intervento della camera deprivata d'ossigeno di Losorgiu, sono sicuramente morti molto recentemente, decomponendosi e rimanendo coi loro nuovi atomi disgregati all'interno del legno. Insomma questo test ci dice che la statua piccola è molto antica e precedente alla grande, non a che epoca con precisione risalga.

[vii] Quando lo scultore della fine del XV secolo ebbe l'incarico di riprodurre quanto più fedelmente possibile la statua piccola dell'Annunziata, il fuso era scomparso, e probabilmente i Viestani stessi non capivano più il senso di quell'atteggiamento della figurazione della loro madonna. In più i tempi erano mutati e il senso teologico dell'Annunciazione si era anch'esso alterato, come vedremo più avanti. Così lo scultore, pur cercando di riprodurre, alla lettera, la figura che gli era stata proposta, la stravolse totalmente, creando un'opera dal significato ambiguo. L'unica somiglianza che rimane ora è una mano alzata con le dite aperte in maniera stranissima e un braccio e una mano che si pongono sul cuore, come a dire il proprio *fiat*. È rimasta apparentemente anche la posizione genuflessa, ma anch'essa è stata modificata in maniera radicale. Se notate la genuflessione nella piccola è semplice, come in una persona normale che sia genuflessa davanti al Messaggero Celeste. Nella grande invece le gambe sono divaricate in maniera eccessiva.

[viii] Della Malva, Marco, *La Città e la Madonna di Merino*, Foggia, 1970, da pag.50 a pag. 56.

[ix] Della Malva Marco, *o. c.*, pag.68.

[x] In questa figura -che si è potuta salvare dalla distruzione inevitabile che la doveva colpire solo perché il suo titolo fu mutato in "Annunciazione a Sant'Anna"- i più grandi teologi della cristianità occidentale, San Gerolamo, Sant'Agostino, Sant'Ambrogio e San Gregorio, discutono fra loro, testi biblici alla mano, proprio di quest'argomento, propendendo per la soluzione espressa dalla scena della discesa del bambino celeste dal cielo, portato dagli angeli, verso il grembo di Maria, in questo quadro rappresentata grassa e matura di anni.

[xi] Giuliani, Vincenzo, *o. c.*, pag. 109 -111.

[xii] Traggo queste notizie da Filangieri Di Candida, Antonio, *La Chiesa e il monastero di San Giovanni a Carbonara*, opera postuma a cura di Riccardo

Filangieri Di Candida, Napoli, Società Napoletana di Storia Patria, 1924, passim dalle pagine 62 – 69 e dalle pagine 118 – 122.

[xiii] Integro queste notizie con l'apporto del *Dizionario Biografico degli Italiani*, Treccani, Volume 75 (2011).

[xiv] Fernández de Córdoba divenne il primo Viceré di Napoli nel 1503. Vuol dire che la restituzione di Vieste alla Regia Corte da parte dei Miroballo avvenne prima di tale data. Sicuramente quindi la nostra madonna grande, scolpita, come abbiamo visto per intercessione proprio dei Miroballo, è stata creata tre il 1480 e il 1503. Anche secondo il Giuliani il passaggio sotto il dominio del Córdoba c'è stato, e Vieste *da una libera condizione passò nella dura servitù di un vassallaggio*. Non penso però che sia stato effettivamente così. Ritengo piuttosto che, dopo la caduta in disgrazia del Gran Capitano e il suo ritorno in Spagna, Vieste sia tornata al Demanio. Difatti dagli innumerevoli documenti da me rintracciati nell'Archivio di Stato di Napoli, risulta che Vieste è sempre stata sotto la diretta dipendenza della Regia Corte, alla quale pagava le sue numerose tasse.

[xv] Cito direttamente dal Filangieri, o.c.

[xvi] L'analisi del C14 non può essere assolutamente sbagliata. Il numero di isotopi del C14 presenti sono quelli rilevati: mi pare incontrovertibile. Solo che all'interno del legno della statua possono essere penetrati altri elementi carbonici estranei e successivi: per esempio i gas di comustione dell'incendio del 1480, o i composti organici dovuti alla decomposizione dei tarli morti al suo interno. Non dimentichiamoci che il restauratore Losorgiu ha messo tale statua in una camera e gas proprio per ucciderli (e non sono sicuramente scappati via!).

[xvii] Il nome di questa saggia donna del popolo, che io ricordo e ringrazio con grande rispetto, è Leonarda, ormai non più tra i vivi.

[xviii] In fondo alla litografia, in rosso, appena leggibile, e in maniera speculare c'è questa dicitura: "Anno 1730 circa".

[xix] A questo punto conviene riportare il motivo per cui cito la nostra Madonna come "di Marino" e non "di Merino". L'ho dimostrato ampiamente e scientificamente molti anni fa, nella rivista Garnews, dove dimostravo che il Giuliani, nel suo storico libro su Vieste, si è servito dell'unica lezione di un libro di testo del Seicento delle opere di Plinio, che riportava "Merinates ex Gargano", e non ha tenuto conto che tutti, e dico tutti, i codici avevano l'unica lezione "Metinates ex Gargano". Non so con quale intenzione l'abbia fatto, se in buona fede o meno. Sicuramente ha operato un falso storico incredibile, inventando di sana pianta un nome inesistente. Che poi si sia trattato di un'invenzione, la possiamo anche dimostrare dal fatto incontrovertibile che ogni volta che tale statua o tale località è citata nei documenti anteriori al Settecento, si parla sempre di Marino e mai di Merino. Infine il Giuliani avrebbe dovuto sapere che Plinio in questo contesto sta parlando di una città lontana dal mare (*mediterranea*, che in latino significa "regione dentro terra", cioè non toccata in nessun suo punto dal mare), e che quegli abitanti non erano nel Gargano, ma

proventi dal Gargano: *"Metinates **ex** Gargano"* Dato il contesto, non à un azzardo sapere con precisione chi siano questi antichi Metinates: gli attuali abitanti del Matese, che sono appunto lontani dal mare e, secondo la testimonianza di Plinio, di origine garganica. In un altro studio da me pubblicato, guarda caso, ho dimostrato che Gargano e Matese hanno lo stesso antico significato, cioè *montagna*.

[xx] Ovviamente se il restauro post terremoto del 1223, non è stato fatto sotto Federico II, ma, ammettiamo, da suo figlio Manfredi o dai primi Angioini o dai Durazzeschi, tutto cambierebbe. Rimarrebbe però il legame madonna-nuova architettura. Ma nessun documento e nessun segno lascia intendere che questi regnanti abbiano operato questo tipo di restauro, mentre abbiamo sicuro il documento di Federico II del 1239. È evidente che la mia "caparbietà" non arriva a negare in modo assoluto questa possibilità.

[xxi] Cfr. Giuliani, V., *o. c.*, pag. 97 e nota 24 dell'articolo di Ambrosi A., *La Cattedrale di Vieste*, Estratto da *Rassegna Tecnica Pugliese – Continuità*, anno XI, N. 2, aprile-giugno 1977.

[xxii] Scripsit G. de Cusentia de superiori mandato: Fredericus etc., Obberto Fallamanacho secreto Panormi. Licet regnum de manu Domini datum sit nobis, tunc vero in ejusdem largitoris pietatem exercemus cum loca divinis servitiis deputata et ecclesias quibus nomen Dei laudatur et colitur, devotione debita venerantes, piam de ipsarum regimine protectionem habemus, et tamquam statuti earum a Domino protectores diligenter intendimus et provide meditamur ne possint patrocinii neglectu collabi sub tanti adversari conatu, Ad hec veridica insinuatione perpendimus, et nonnumquam etiam vidimus ex effectu quod aliquam de ecclesiis regni notri destitutam pastore vacare contingit, tanto neglectu pessumdatur quod vel per incuriam omino collabitur vel per manus diripientium penitus consumatur; quo fit un dum non… spolia etiam gremii sui filii fugiant et debita in ea officia Domino non exsolvant. Contingit etiam ex hoc nonnumquam ut qui postmodum ad ipsius prelationem vocatur, aut conubia talis vidue bonis omnibus viduate non velit aut pati ex tali conjugio perpetuo se mereat viduatum. Que omnia com nostre satis displiceant majestati, fidelitate tue precipiendo mandamus quatenus ecclesias Agrigenti, Montis Regalis, Cephaludi, que in jurisdictione tua existunt et si que alie cathedrales vel conventuales ecclesie vacant ibidem vel in antea vacare contingerit, pro parte curie nostre recipe facias procurandas, statuens in unaquaue ipsarum duos probos et fideles viros bajulos qui ecclesiam ipsam et omnia bona ipsius studiose et fideliter debeant procurare, faciendo ecclesie ipsi convenienter servire, domos et ecclesias reparari, si que fuerint necessarie reparande ita videlicet quod si non reparerentur dispendium et imnarentur riunam, vineas et jardina decenter escoli, laborantias exerceri, et alia omnia bona ecclesie cum accurata diligentia procurari: ita quod negligentia procurationis aliquatenus in procuratores ipsos notari non possit, sed tanta per eos adhibeatur diligentia procurandi, quanta opus est in ejsdem et nostre exposcit beneplacitum

majestatis, significantes nobis distincte per literas tuas quid et quantum proventus uniuscujusque ecclisie valeat annuatim. Datum est in castris prope Mediolanum, X octobris, XIII indictionis. Similes scripsit secreto messane de ecclesia Cathanie...Similes scipsit Alexandro filio Henrici de ecclesia Ydrontina...ecclesia Potentina, Vestensi; Ascolanensi, Alesine et aliis, ut supra. Tale circolare è contenuta in Huillard-Bréholles, *Historia diplomatica Friderici Secundi,* Tomis V, par. I, pp. 437-439.

[xxiii] Nella serie dei vescovi viestani riportati da V. Giuliani, c'è una grande lacuna, che va dal 1198 al 1296. In questi cento anni l'unico vescovo viestano citato da Giuliani stesso è Teodovino (p. 97), attorno agli anni 1223 -1227. Come abbiamo visto or ora, nel 1239 la cattedra era vacante. Prima di tale data perciò, e dopo il citato vescovo Teodovino, è da collocarsi il vescovato di un altro presule viestano, il cui nome è stato da me rintracciato nell'Archivio di Stato di Napoli, in *Archivi Privati, Archivio Caracciolo di Santo Bono, II Patronati ecclesiastici, Busta 18, Pergamena N° 7.* Tale pergamena, molto ben conservata, è un privilegio di Ruggero, vescovo di Siponto e di Pietro vescovo di Viesti. Si concedono indulgenze a tutti quelli che ripareranno i danni arrecati dalle guerre precedenti al Monastero di S. Maria della Noce, detto anche Monastero dell'Abate. Alle firme di Ruggero e di Pietro si affiancano quelle di Roberto, vescovo di Larino, e Gilberto, vescovo di Guardialfiera. Il privilegio non ha data; ma, poiché il vescovo di Siponto Ruggero tenne la cattedra tra il 1230 e il 1263, il vescovo di Larino Roberto tra il 1227 e il 1240, il vescovo Gilberto è attestato nell'anno 1226, il documento è sicuramente posteriore al 1226 e altrettanto sicuramente antecedente al 1239. Questo vescovo di Vieste, da nessun'altra fonte attestato, è quindi successore del citato Teodovino e reggente la cattedra viestana prima del 1239. Aggiungo che nella cronotassi dei Vescovi viestani presenti nel sito ufficiale dell'Arcidiocesi di Manfredonia – Vieste – San Giovanni Rotondo leggo, per il periodo sotto esame, che nel 1227 era Vescovo Teodonato e nel 1274 Giovanni.

[xxiv] Cfr. Giuliani, V., *o. c.* pag. 97; H. Horst, *Federico II di Svevia,* Milano, 1981 pag. 276 e Ambrosi A., *o. c.*, nota 23.

[xxv] Cfr. Giuliani, V., *o. c.*, pag. 139; AA:VV:, *La cattedrale di Vieste,* Centro di Cultura Nicola Cimaglia, Quaderno N. 1, Vieste, 1980, pag. 18 e Ambrosi, A., *o. c.*, nota 28.

[xxvi] Estratta da: *Fondo Manoscritti dell'Archivio di Stato di Modena. Relazione autentica che si fa del Capitolo di Veste, terra posta nell'estreme parti della Puglia sul mare Adriatico verso la Dalmatia alle radici del Monte Gargano dell'horribil terremoto succeduto in detto luogo e Montagna alli 30 di Maggio alle hore sei e mezza di notte giorno di giovedi*.

[xxvii] Cito dalla relazione dell'Ing. De Tommasi.

[xxviii] Che sia questa l'epoca della trasformazione delle colonne in pilastri lo dimostra il rinvenimento all'interno di questa malta di numerosi frammenti dell'edificio originario, che furono usati come riempitivi della malta stessa. Che

poi le cappelle laterali siano di epoca gotica, oltre la finestra e gli archi d'ingresso delle stesse, lo dimostra la perfetta conservazione della protome sinistra della porta laterale originaria della chiesa, invisibile fino agli interventi degli anni settanta - ottanta del secolo scorso. Essa è, al contrario delle altre rimaste esposte alle intemperie, perfettamente integra, come integro è il lato nascosto della figura del tria, per metà scoperta e rovinata, e per metà coperta e assai ben conservata. Questo tria ora è di nuovo invisibile nella sua interezza.

^{xxix} Federico II, fin dal 1224 *accepit conservos de omnibus abatiis cirtercensis ordinis Regni Siciliae et Apuliae ac terre Laboris, quos insituit magistros gregum, armentorum et diversarum actionum et ad construenda sibi castra et domicila per civitates regni, ubi non habeant domus proprias ad ospitandum.* Citazione presa da Bologna, F., *I pittori alla Corte angioina di Napoli, 1266-1414, e un riesame dell'arte fridericiana,* Roma, 1969.

^{xxx} Contando come colonna anche la base anteriore dell'abside.

^{xxxi} Per *a* intendiamo la linea del tetto attuale; per *b* la linea della cornice laterale originaria dei due lati delle mura della navata centrale; per *c* la linea dei tetti delle navate laterali attuali; α sono le finestre del Settecento, β le finestre del Seicento. Poiché le finestre del Settecento, quelle attuali, sono perfettamente allineate fra loro, ne consegue che tutto il lato nord, comprese le finestre del Seicento, è vistosamente scivolato verso il basso, in maniera omogenea, e che le finestre antecedenti a quelle del Seicento erano in quello stesso posto da molti secoli.

^{xxxii} Con più precisione esse non furono "costruite", ma si trattò semplicemente di allargare, con poca grazia, a quanto vediamo, le preesistenti finestre gotiche del XIII secolo, forse perché durante il terremoto del 1646 erano crollate anche le volte della navata centrale, come sembra attestato dalla relazione citata in nota xxvi.

^{xxxiii} Spedicato, M., *Sancta Infelix Ecclesia, La Diocesi di Vieste in età moderna (1555-1818),* Conte Editore, Lecce, 1995, pag.136.

^{xxxiv} L'Ambrosi cita però la *relatio ad limina* di Mons. Palombo dell'8 marzo 1618, che è la seguente: *Habet insuper dicta ecclesia tre naves cum rusticis columnis.*

^{xxxv} Questo particolare dovrebbe far riflettere gli architetti e gli ingegneri che hanno lavorato e che purtroppo lavoreranno ancora a mantenere in piedi la nostra bella chiesa. Se un intero lato scivola verso il basso, lentamente, in una successione di secoli, senza che l'edificio sia crollato, vuol dire che c'è stato un fattore architettonico che lo ha potuto permettere: ancora, di nuovo, le volte della navata centrale, che mantenevano in un *unicum* solidissimo l'intera struttura, che altrimenti si sarebbe, ormai da secoli, ripiegata su se stessa e sarebbe crollata definitivamente. Questo lo dico perché il movimento di scivolamento, nonostante tutti gli interventi recenti, sta continuando, almeno così sembra. Basta guardare le nuove, numerose e vistose crepe che si stanno formando sia nelle colonne, sia all'esterno, specie alla base anteriore settentrionale, dove l'ampio arco basale, che finora era stato sempre intatto, è

percorso da una crepa chiarissima, che, iniziando dalla base del pilastro ottagonale, si allunga lungo l'arco e le mura sovrastanti.

^{xxxvi} Ovviamente io non contraddico, né oserei e potrei farlo, i dati e le soluzioni tecniche di questi valenti Architetti e Ingegneri. Io affermo soltanto che essi, data una ricostruzione storica incompleta e addirittura falsa data loro dagli storici locali, non hanno potuto comprendere alcuni passaggi architettonici che ci sono stati nei secoli trascorsi.

^{xxxvii} Giuseppe Tomajuoli è nato a Vieste il 4 giugno 1687. (Ho trovato io stesso il suo certificato di nascita nel registro dei battezzati della Cattedrale). È stato attivo a Napoli e nel resto del Regno soprattutto negli anni 30 e 40 del Settecento. Ha dipinto il quadro della SS. Trinità a Vieste nel 1740 nell'omonima cappella, accanto alla sagrestia, e, se è vera la mia supposizione, anche le tre tavole del lacunare, nella stessa Cattedrale, nel 1756.

^{xxxviii} Ho già detto che ho iniziato questo lavoro più di trenta anni fa. Allora insegnavo presso l'ITIS "E: Fermi", dove insegnano molti ingegneri. Ad uno di questi, amico mio, ho chiesto un parere e un aiuto. A lui devo molti suggerimenti e anche questo pregevole prospetto. Come si vede sono meno ingenuo di quello che voglio far credere. Il nome di questo ingegnere, che ancora ricordo e ringrazio è Enrico Tuozzi.

^{xxxix} Giuliani, V., *o. c.,* pag.98.

^{xl} Riporto la nota per intero. *"vedi L. CREMA,* Accorgimenti estetici nelle chiese medioevali italiane. La Critica d'arte, *1937, 2, p. 66 ss. Non è nemmeno da escludere che in un primo tempo S. Trinita fosse coperta da un tetto anziché dalla volta; la Provvisione citata lo lascerebbe supporre; e nel 1928 essendo stata parzialmente demolita la copertura della prima campata, per consolidare la volta e la facciata, il p. Basilio Domenichetti O. S. B. di S. Trinità notò che il muro era stato costruito senza preparazione per la volta tanto che questa poggiava soltanto su quattro capitelli di sostegno."*

^{xli} Cfr. Nicco Fasola, *o. c.,* nota 318.

^{xlii} Questo particolare è stato geniale, ed ha permesso la conservazione quasi integra dell'intero edificio fino al Settecento. Difatti il terremoto del 1646 è stato devastante per la Cattedrale non tanto perché era fragile, ma in quanto il campanile, crollando verso valle, da sud verso nord, ha distrutto la facciata e *la pars tertia* della chiesa. La facciata, a sua volta, crollando dal lato del Palazzo Vescovile lo ha distrutto anch'esso, risparmiando soltanto il *trappeto* sottostante.

^{xliii} AA. VV., *L'Arte in Italia,* Roma, 1969.

^{xliv} Cfr. Nicco Fasola, *o. c.,* nota 318.

^{xlv} Della vita di Nicola Pisano non sappiamo molto, soprattutto sulla sua origine apuliese. Si fa oscillare la sua data di nascita tra il 1210 e il 1220. Se la nostra ipotesi fosse vera, dovremmo propendere per il 1210, in quanto chi ha operato a Vieste era già un artista maturo. Si può pensare a un giovane genio, ma non credo. In quest'epoca tutti dovevano passare attraverso il lunghissimo vaglio

dell'apprendistato presso una bottega o, immaginando che Nicola fosse un cistercense, sia pure del terzo ordine, una scuola altrettanto prolungata.

[xlvi] Ecco il punto. Nell'immaginario culturale collettivo, dopo il disprezzo degli Umanisti e del Rinascimento dell'epoca storica tra la caduta dell'impero romano e la loro, da essi genericamente chiamata *medio-evo*, proprio perché lo si riteneva uno iato tra l'epoca *classica* e la nuova epoca della *rinascita* del modus operandi degli antichi, l'arte di quest'epoca non poteva che essere o *romanica* o *gotica*. *Romanica* perché si rifaceva grossolanamente ai modelli classici ma non li sapeva assolutamente far rivivere; *gotica*, perché prodotta dalla gente barbarica del nord dell'Europa, con canoni stilistici contorti e lontanissimi dai modelli greco-romani, cioè dai modelli classici, i quali, unici, possono esprimere il *Bello*. Ebbene, dietro tutto questo c'è un po' d'ignoranza e molta prevenzione collettiva. Prima di tutto i modelli *gotici* e *romanici* hanno una loro intima bellezza, che non sto qui a enumerare. In secondo luogo nel cosiddetto Medioevo i modelli classici e le realizzazioni pittoriche e scultoree a quelli ispirate, non sono venuti mai meno, tant'è vero che si parla di più *rinascenze*, durante questi lunghi secoli, per esempio, nell'epoca carolingia. Questi modelli classici tra l'altro erano ben vivi e operanti nel mondo bizantino e, tra i territori influenzati dalla chiesa di Roma, nei suoi confini con i Bizantini. Potrei, anche in questo caso citare numerosissimi esempi tratti dal corso di Storia dell'Arte Medioevale tenutaci, nell'Accademia di Belle Arti di Napoli, dal Prof. Gerardo de Simone. Mi limito a preannunciare in questa nota quanto sarà più chiaramente mostrato nel corso della trattazione successiva.

[xlvii] Senza dimenticare che il Cristianesimo, ben inteso, è sempre e in ogni caso una forma di Umanesimo, sia pure legato a Dio.

[xlviii] Sempre se questo non è un falso molto ben fatto, o un'opera romana, con una dedicazione interpretata in modo sbagliato, come alcuni sostengono.

[xlix] Se mi fossi sbagliato, potremmo definire il nostro autore *Il maestro dell'Annunziata di Vieste*, per il quale varrebbero tutti gli argomenti che produrrò, tranne, ovviamente, i riferimenti diretti a Nicola Pisano.

[l] Dove lavorò anche il figlio di Nicola, Giovanni Pisano.

[li] A Vieste, come sappiamo, le due figure erano una di fronte all'altra in due nicchie scavate nel muro della sagrestia. L'Angelo non poteva assolutamente essere in piedi di fronte a Maria, altrimenti avremmo avuto la discordanza architettonica fra una nicchia bassa, quella dell'Annunziata, a destra di quest'ingresso, e una molto più alta, quella dell'Arcangelo Gabriele in piedi, a sinistra.

[lii] Chi si esercita nell'arte della scultura sa quanto sia difficile questo procedimento e quanto sia invece più semplice da ottenere l'effetto *a fuoco* aggiungendovi le pupille.

[liii] Bologna F. – Causa R., *Sculture lignee della Campania*, Napoli 1950. Catalogo della mostra della scultura lignea della Campania. Napoli. Palazzo Reale.

[liv] Carli E., *La scultura lignea italiana dal XII al XVI secolo,* Electa Editrice, Milano, 1961.

[lv] Cfr. Settis S., *Iconografia dell'arte italiana, 1100 – 1500: una linea,* Einaudi, Torino, 2011, pagg. 42 -44.

[lvi] Nel Codice Diplomatico di Santa Maria di Tremiti si parla infatti di *Marenensis ac Bestesane ecclesie sedis episcopus* a proposito di Alfano, primo vescovo documentato, a partire dal 993, di questa nuova diocesi duplice. Prima di tale epoca perciò dobbiamo pensare che non esisteva nessuna diocesi sulla punta del Gargano? Non è detto. Forse prima c'era solo il vescovo a Marino, diocesi che nessuno finora ha cercato, volendo per forza, cercare un'inesistente Merino mai esistita. Non dimentichiamoci che quella che noi oggi chiamiamo Vieste, nelle sue prime fasi era denominata Uria Paralie, cioè Uria Marina. Attraverso la lettura del libro di Michele Petrone, *Note di storia antica garganica e viestana,* pubblicato dal Centro di Cultura "N: Cimaglia", Vieste, 1984, si evince che all'epoca delle invasioni barbariche, gli abitanti dell'antica Uria abbandonarono volontariamente la loro città, rifugiandosi nei luoghi circonvicini, ritenuti più sicuri. La loro sede principale la fondarono sempre in riva al mare, chiamandola con lo stesso nome tradotto dal greco al latino: Marino. Aggiungo che in altra sede ho dimostrato che Uria e Vieste hanno esattamente lo stesso significato, ancora una volta, in due lingue diverse, e cioè, semplicemente, *Città.* Uria Paralie quindi vuol dire Città di Mare, se vogliamo, Marino. Per i futuri ricercatori quindi suggerisco di cercare tra le diocesi dell'epoca cristiana una Marino da localizzare nel Gargano, perché di diocesi con questo nome, altrove, ce ne sono sicuramente tantissime, come oggi, d'altro canto. Una delle varianti potrebbe essere anche Marano.

www.ingramcontent.com/pod-product-compliance
Lightning Source LLC
Chambersburg PA
CBHW051907170526
45168CB00001B/284